香港
基本法

U0111203

知識
問答

王鎵禹　編著

前　言

　　1990 年 4 月 4 日，第七屆全國人民代表大會第三次會議正式通過的《中華人民共和國香港特別行政區基本法》，是中國在香港特別行政區實行“一國兩制”、“港人治港”和高度自治的法律化和具體化，為“一國兩制”在香港的實施提供了法律保障。“一國”是指中華人民共和國，“兩制”是指社會主義制度和資本主義制度。“一國兩制”是指在一個中國的前提下，國家的主體堅持社會主義制度，香港等特別行政區保持原有的資本主義制度和生活方式長期不變。“一國”是“兩制”的基礎和前提。香港基本法是根據中國憲法制定的，中國憲法和香港基本法共同構成了香港特別行政區的憲制基礎。

　　香港回歸以來，“一國兩制”的任務已從回歸前確保平穩過渡、順利回歸，轉為如何在“一國兩制”的憲法架構下，探索建立一套適合香港實際情況，既能維護國家主權、安全和發展利益，又能確保香港長期繁榮穩定的社會治理體系。“一國兩制”表現出向縱深發展的趨勢，一方面香港與內地在經濟和社會上的合作、協調和融合問題日益顯現；另一方面，香港依舊面臨着對國家的認同以及對“一國兩制”的認識問題。香港特別行政區的政治體制有待進一步磨合與發展，特別是圍繞行政長官和立法會的產生方式，逐漸形成有自身特點的選舉制度。

　　本書以《中華人民共和國香港特別行政區基本法》為依

據，選取了有關香港基本法的 195 個基本問題予以解答。這些問題主要參照香港基本法本身的文本結構進行編排，其中將序言和總則合併為第一章，附件一和附件二的有關內容寫入第四章政治體制，附件三的內容寫入第二章中央和香港特別行政區的關係，全書共分九章。考慮到香港回歸以來，有關“一國兩制”與香港基本法的推廣普及工作已經取得一定成效，所以本書所列問題，除了香港基本法的基本問題之外，還側重選取了香港基本法實施過程發生的爭議或可能發生的爭議的問題。解答文字力求嚴謹，言之有據，並盡量做到簡明通俗。期待本書對讀者認識基本法、理解基本法有所助益。

本書原名《香港基本法問答》，自 2015 年出版以來，“一國兩制”實踐不斷豐富和發展。2018 年 3 月全國人大對憲法進行了修改，憲法條文從原來的 138 條增加到 143 條。全國人大常委會根據全國人大有關建立健全香港特區維護國安法律制度和執行機制的決定和完善香港特區選舉制度的決定，制定了《中華人民共和國香港特別行政區維護國家安全法》並重新修訂了香港基本法附件一和附件二。粵港澳大灣區建設正在全力推進。因應上述發展為內容重新調整，本書更名為《香港基本法知識問答》，按“一國兩制”新發展形勢，在原來架構的基礎上作了延伸、增補的處理，更新了部分內容。

本書如有不妥，祈望讀者諸君批評指正。

編者

2022 年 11 月 1 日

目　錄

第二章

中央和香港特別行政區的關係

第三章

居民的基本權利和義務

第四章

政治體制

第五章

經濟

第一章
基本法的序言和總則

001 香港問題是怎樣形成的？

香港問題是英國自 1840 年鴉片戰爭後，以武力和武力相威脅強迫清政府簽訂三個不平等條約造成的。

1842 年 8 月 29 日，英國強迫清政府簽訂關於結束鴉片戰爭的《南京條約》，永久割讓香港島，"今大皇帝准將香港一島，給予英國君主暨嗣後世襲主位者，常遠據守主掌，任便立法治理"。

1856 年，英法聯軍發動第二次鴉片戰爭，1860 年 3 月，英軍佔領九龍半島的尖沙咀地區，並脅迫當時兩廣總督將九龍 "永租" 給英國。1860 年 10 月 24 日，英國強迫清政府簽訂《北京條約》，永久割讓原為 "永租" 的九龍半島界限街以南的中國領土："前據本年二月二十八日，大清兩廣總督勞崇光，將粵東九龍司地方一區，交與大英駐紮粵省暫充英法總局正使功賜三等寶星巴夏禮代國立批永租在案，茲大清大皇帝定即將該地界付與大英大君主並歷後嗣，並歸英屬香港界內，以期該港埠面管轄所及庶保無事。"

1898 年 6 月 9 日，英國再次強迫清政府簽訂《展拓香港界址專條》，"租借" 深圳河以南、界限街以北及附近兩百多個大小島嶼，英國稱為 "新界"（New Territories），租期 99 年，1997 年 6 月 30 日期滿："今中、英兩國政府議定大略，按照粘附地圖，展擴英界，作為新租之地。其所定詳細界線，應俟兩國派員勘明後，再行劃定。以九十九年為限期。"

英國通過《南京條約》、《北京條約》和《展拓香港界址專條》裏的所謂 "割讓" 和 "租借" 方式，完成對香港的佔領。

002　1949 年中華人民共和國成立後，中國政府對香港問題的基本立場是什麼？

1949 年中華人民共和國成立後，中國政府對香港問題的基本立場是：香港是中國的領土，中國不承認帝國主義強加給中國的三個不平等條約；對於這一歷史遺留下來的問題，中國政府一貫主張，在適當時機通過談判和平解決，在未解決之前暫時維持現狀。

003　中國為什麼要求聯合國從其殖民地名單上刪除香港？

1960 年 12 月 14 日聯合國大會通過《給予殖民地國家和人民獨立宣言》(*Declaration on the Granting of Independence to Colonial Countries and Peoples*, 第 1514 [XV] 號決議)，即我們通常所說的《反殖宣言》，該宣言宣布要迅速和無條件地結束一切形式的殖民主義，賦予殖民地人民有"民族自決權"，進而促使殖民地通過自決的形式取得獨立。宣言第 2 條規定："所有的人民都有自決權；依據這個權利，他們自由地決定他們的政治地位，自由地發展他們的經濟、社會和文化。"第 4 條規定："必須制止各種對付附屬國人民的一切武裝行動和鎮壓措施，以使他們能和平地、自由地行使他們實現完全獨立的權利；尊重他們國家領土的完整。"

香港和澳門一開始就列於該殖民地名單上。然而，香港自古以來就是中國的領土，而當年"割讓"和"租借"香港的《南京條約》、《北京條約》和《展拓香港界址專條》，是英國用武力強加於中國人民的不平等條約。清朝之後的歷代中國政府，均不承認這三個不平等條約，從未宣布過放棄對香港的領土主權。因此，英國自 1841 年以來雖然對香港實行典型的殖民主義統治，其《英皇制誥》（*Letters Patent*）和《皇室訓令》（*Royal Instructions*）亦將香港稱為殖民地，然而，香港並不屬於《反殖宣言》裏所指的殖民地。解決香港問題的唯一方法，只能是由中國收回香港，對香港恢復行使主權，而非進行民族自決。

1971 年中華人民共和國在聯合國恢復合法席位。1972 年 3 月 8 日，中華人民共和國駐聯合國代表黃華致函聯合國非殖民化特別委員會主席，明確指出："香港、澳門是屬於歷史上遺留下來的帝國主義強加於中國的一系列不平等條約的結果。香港和澳門是被英國和葡萄牙當局佔領的中國領土的一部分，解決香港、澳門問題完全是屬於中國主權範圍內的問題，根本不屬於通常的'殖民地'範疇。因此，不應列入反殖宣言中適用的殖民地地區名單之內。"中國政府這一正義立場得到國際社會的廣泛支持，同年 11 月，聯合國大會以 99 票對 5 票，通過了有關將香港、澳門從殖民地名單上除去的決議。這就為 1997 年香港順利回歸中國奠定了堅實的國際法基礎。

有一種意見認為，回歸前的香港不是殖民地。這是不對的。聯合國大會將香港和澳門從《給予殖民地國家和人民獨立宣言》刪除，不代表香港和澳門就不是殖民地了。黃華的信函只是說明，香港和澳門不是可以進行民族自決的殖民地。英國本身在法律上將香港定義為殖民地。英國對香港的統治在性質上屬於殖民統治。

004 中國與英國是怎樣談判解決香港問題的？

　　中英兩國政府關於解決香港問題的談判分兩個階段：第一階段從 1982 年 9 月至 1983 年 6 月，雙方主要就一些原則和程序問題進行會談；第二階段從 1983 年 7 月至 1984 年 9 月，兩國政府代表團就具體實質性問題進行了二十二輪會談。

　　1982 年 9 月 22 日戴卓爾夫人訪問北京，9 月 23 日中國總理趙紫陽同她舉行了會談。9 月 24 日鄧小平會見了戴卓爾夫人。中國領導人正式通知英方，中國政府決定在 1997 年收回整個香港地區，同時闡明中國收回香港後將採取特殊政策，包括設立香港特別行政區，由香港當地中國人管理，現行的社會、經濟制度和生活方式不變，等等。戴卓爾夫人堅持《南京條約》、《北京條約》和《展拓香港界址專條》是有效的，並提出如果中國同意英國 1997 年後繼續管治香港，英國可以考慮中國提出的主權要求。鄧小平在會見戴卓爾夫人時，明確指出，"主權問題不是一個可以討論的問題"，"我們建議達成這樣一個協議，即雙方同意通過外交途徑開始進行香港問題的磋商。前提是 1997 年中國收回香港，在這個基礎上磋商解決今後十五年怎樣過渡得好以及十五年以後香港怎麼辦的問題"。

　　戴卓爾夫人訪華後，中英雙方同意通過外交途徑就解決香港問題進行商談。此後的半年裏，由於英方在香港主權問題上立場不變，雙方的磋商沒有進展。1983 年 3 月，戴卓爾夫人寫信給趙紫陽，作出了她準備在某個階段向英國議會建議使整個香港主權回歸中國的保證。4 月，趙紫陽覆信表示，中國政府同意盡快舉行正式談判。1983 年 7 月 12 日至13 日，中英兩國政府代表團舉行第一輪會談，由於英方依然堅持 1997 年後繼續管治香港，直至第四輪會談毫無進展。1983 年 9 月，鄧小平會見訪華的英國前首相希思時說，英國想用主權來換治權是行不通的，勸告英方改變態度，以免出現到 1984 年 9 月中國不得不單方面公布解決香港問題方針政策的局面。10 月，戴卓爾夫人來信提出，雙方可在中國建議的基礎上探討香港的持久性安排。第五、六輪會談中，英方確認不再堅持英國管治，也不謀求任何形式的共管，並理解中國的計劃是建立在 1997 年後整個香港的主權和管治權應該歸還中國這一前提的基礎上。至此，中英會談的主要障礙得以排除。

從 1983 年 12 月第七輪會談起，談判納入了以中國政府關於解決香港問題的基本方針政策為基礎進行討論的軌道，即中國承諾以"一國兩制"的方式解決香港問題，並在香港回歸後，建立直轄於中央人民政府的香港特別行政區，實行高度自治和"港人治港"，與香港特別行政區有關的外交和防務，由中央人民政府負責。1984 年 4 月第十二輪會談後，雙方轉入討論過渡時期香港的安排和有關政權移交的事項。

中國堅持認為有關香港的三個不平等條約是無效的，中國收回香港並對香港恢復行使主權。英方不接受中方對香港恢復行使主權的提法。最後雙方同意用聯合聲明的形式，即中國政府聲明：收回香港地區是全中國人民的共同願望，中華人民共和國政府決定於 1997 年 7 月 1 日對香港恢復行使主權。英國政府聲明：聯合王國政府於 1997 年 7 月 1 日將香港交還給中華人民共和國。

此後，雙方代表團舉行了三輪會談，討論了國籍、民航、土地等幾個政策性和技術性都比較複雜的具體問題，並對協議的措辭進行了反覆磋商。1984 年 9 月 18 日，雙方就全部問題達成協定，並於 9 月 26 日草簽了《中英聯合聲明》和三個附件。至此，歷時兩年的中英兩國政府關於香港問題的談判圓滿結束。

005 《中英聯合聲明》是哪一年簽署的？

《中英聯合聲明》（*The Sino-British Joint Declaration*）是《中華人民共和國政府與大不列顛及北愛爾蘭聯合王國政府關於香港問題的聯合聲明》（*The Joint Declaration of the Government of the United Kingdom of Great Britain and Northern Ireland and the Government of the Peoples Republic of China on the Question of Hong Kong*）的簡稱。

1982 年英國首相戴卓爾夫人訪華後，中英經過兩年談判，於 1984 年 9 月 18 日就香港前途問題達成協議。9 月 26 日，雙方代表團完成草簽，1984 年 12 月 19 日中國國務院總理趙紫陽與英國首相戴卓爾夫人在北京舉行中英聯合聲明簽署儀式。1985 年 5 月 27 日，兩國政府在北京互換批准書。中英聯合聲明於 1985 年 5 月 27 日中英雙方互換約文之時起生效，並向聯合國秘書長登記（*Registration Number 23391; Volume Number 1399*）。

《中英聯合聲明》宣布：收回香港地區（即香港島、九龍及新界）是全中國人民的共同願望，中國政府將於 1997 年 7 月 1 日起對香港恢復行使主權，英國政府將於 1997 年

7月1日將香港交還中國政府。中國政府聲明將在"一國兩制"的原則下,保持香港原有的資本主義制度和生活方式五十年不變。這些基本內容由《中華人民共和國香港特別行政區基本法》加以規定。

006 《中英聯合聲明》主要包括哪些內容?

聯合聲明包括一個主體文件:《中華人民共和國政府和大不列顛及北愛爾蘭聯合王國政府關於香港問題的聯合聲明》;和三個附件:《中華人民共和國政府對香港的基本方針政策的具體說明》、《關於中英聯合聯絡小組》和《關於土地契約》。此外,兩國政府還就部分香港居民的國籍問題交換了備忘錄。

《中英聯合聲明》主要內容包括:

第一,中國政府聲明將於 1997 年 7 月 1 日對香港恢復行使主權,英國政府聲明將在同日把香港交還給中國。

第二,中國政府聲明中國對香港的基本方針政策:設立直轄於中央人民政府的香港特別行政區,除外交和國防事務由中央人民政府管理外,香港特別行政區享有高度的自治權;香港特別行政區政府由當地人組成;香港的現行社會、經濟制度不變,生活方式不變;香港現行的法律基本不變;香港特別行政區將保持自由港和獨立關稅地區的地位;保持國際金融中心的地位;保持財政獨立;香港特別行政區可以"中國香港"的名義單獨地同各國、各地區及有關國際組織保持和發展經濟、文化關係,並簽訂有關協定;香港社會治安由香港特別行政區政府負責維持,等等。上述基本方針政策及聯合聲明附件一對上述基本方針政策的具體說明，中國政府將制定香港基本法予以規定，並在五十年內不變。

第三，中英兩國聲明合作保證 1997 年香港政權順利交接的有關原則和具體規定。

第四，規定本聯合聲明自互換批准書之日起生效。聯合聲明及其附件具有同等約束力，並用中文和英文寫成，兩種文本具有同等效力。

007 應當怎樣理解 "一國兩制" 的內涵？

"一國兩制" 是 "一個國家，兩種制度"（One Country, Two Systems）的簡稱。這是中國政府和中國共產黨為解決祖國大陸和台灣和平統一的問題，以及在香港、澳門恢復行使主權的問題而提出的戰略構想和基本國策。其內容就是指，在中華人民共和國內，內地堅持社會主義制度作為整個國家的主體，同時允許台灣、香港、澳門保留原有的資本主義制度。鄧小平就曾經指出："我們的政策是實行 '一個國家，兩種制度'，具體說，就是在中華人民共和國內，十億人口的大陸實行社會主義制度，香港、台灣實行資本主義制度。"

"一國兩制" 的內涵主要包括：

一、"一個國家"。完成國家統一大業，是中華民族的願望。以 "一國兩制" 的方式解決香港問題，首先就是完成國家統一，維護主權和領土完整。維護國家主權、安全、發展利益是 "一國兩制" 的最高原則。

二、兩種制度。香港特別行政區不實行社會主義制度和政策，保持原有的資本主義制度和生活方式五十年不變，原有的社會經濟制度不變，法律制度基本不變。

三、"港人治港"。香港特別行政區的行政機關和立法機關由當地人組成。中央人民政府不向香港特別行政區派遣幹部擔任特別行政區政權機關裏的職務。但"港人治港"必須以愛國者為主體。愛國者治理是"港人治港"的精髓和必然要求。

四、高度自治。國家在香港設立特別行政區，並授予特別行政區以高度自治權。這些自治權包括行政管理權、立法權、獨立的司法權和終審權，中央對香港特別行政區有全面管治權，中央全面管治權和香港高度自治權共同構成特區治理體系整體。

008 "一國兩制"的構想是怎樣形成的？

"一國兩制"政策最初是針對台灣問題提出的。1949 年中華人民共和國成立後，國民黨政府敗退台灣，到了五十年代，中國政府就曾設想以和平方式解決台灣問題。1955 年 5月周恩來總理明確提出，中國人民解決台灣問題有兩種可能的方式，即戰爭的方式和和平的方式，中國人民願意在可能的條件下，爭取用和平的方式解決問題。1956 年 4 月，毛澤東主席又提出"和為貴"、"愛國一家"、"愛國不分先後"等政策主張。1960 年以後，毛澤東、周恩來代表中國共產黨和中國政府進一步制定了和平解決台灣問題的具體方針，並通過各種管道轉達給台灣當局。這就是所謂"一綱四目"。"一綱"是指台灣必須回到祖國的懷抱。這是原則問題，不容商量。"四目"則是具體的操作方案：一、台灣回歸祖國後，除外交必須統一於中央外，當地軍政大權、人事安排等"悉委於"蔣介石，由蔣介石安排；二、台灣軍政和經濟建設的一切費用的不足部分，全部由中央政府撥付；三、台灣的社會改革可以從緩，等到時機成熟後，尊重蔣介石的意見協商後再進行；四、雙方互約不派特務，不做破壞對方團結的事情。毛澤東並一再表示，台灣當局只要一天守住台灣，不使台灣從中國分裂出去，大陸就不改變目前的對台政策。

1979 年中國共產黨十一屆三中全會以後，中國大陸進入了一個新的歷史發展時期，逐漸形成了"一國兩制、和平統一"的戰略構想。1979 年 1 月 1 日，中華人民共和國國防部部長徐向前發表聲明，宣布停止自 1958 年以來中國人民解放軍對金門等島嶼的炮擊。同日，全國人大常委會發表了《告台灣同胞書》，其中指出："我們的國家領導人已經表示決心，一定要考慮現實情況，完成祖國統一的大業，在解決統一問題時尊重台灣現狀和台灣各界人士的意見，採取合情合理的政策和辦法，不使台灣人民蒙受損失。"1979 年 1 月 30 日，鄧小平在向美國參、眾兩院發表演說時明確指出："我們不再用'解放台灣'這個提法了，主要實現祖國統一，我們將尊重那裏的現實和現行制度。"

1979 年 9 月，全國人大常委會委員長葉劍英向新華社記者發表談話，進一步闡明台灣回歸祖國實現和平統一的方針政策，即所謂的"葉九條"。這是中國政府對一國兩制構想的第一次全面闡述。這九條方針政策的內容主要是：建議舉行中國共產黨和中國國民黨的對等談判；台灣與大陸實行通郵、通商、通航；國家實現統一後，台灣可作為特別行政區，享有高度自治權，並可保留軍隊，中央政府不干預台灣地方事務；台灣現行社會、經濟制度不變，生活方式不變，同外國的經濟、文化關係不變，私人財產、房屋、土地、企業所有權、合法繼承權和外國投資不受侵犯；台灣當局和各界代表人士可擔任全國性政治機構的領導職務，參與國家管理等。葉劍英的講話中第一次出現了 "特別行政區" 的概念。1982 年 1 月 10 日，鄧小平指出，葉劍英委員長所說的九條方針政策實際上就是 "一個國家，兩種制度"。

1982 年 9 月，鄧小平會見英國首相戴卓爾夫人，對香港問題發表了談話，指出中國對香港問題的基本立場，主要涉及三個問題，一個是主權問題，這不是一個可以討論的問題；第二個問題是 1997 年後中國政府採取什麼方式來管理香港，繼續保持香港繁榮；第三個問題是中國和英國政府要妥善商談如何使香港在 1997 年前的十五年過渡期中不出現大的波動。這是鄧小平對香港問題的全面闡述，標誌着 "一國兩制" 構想已經成熟。香港問題的解決正是按照鄧小平這一構想進行的。

中國憲法為特別行政區的設立提供了明確依據。憲法第 31 條規定："國家在必要時得設立特別行政區。在特別行政區內實行的制度按照具體情況由全國人民代表大會以法律規定。" 第 62 條第（十四）項規定全國人大有權決定特別行政區的設立及其制度。

憲法修改委員會副主任彭真在《關於中華人民共和國憲法修改草案的報告》中詳細說明憲法第 31 條的涵義，其中重申了葉劍英談話，指出實現和平統一後，台灣可作為特別行政區，享有高度的自治權。這種自治權，包括台灣現行社會、經濟制度不變，生活方式不變，同外國的經濟、文化關係不變，等等。考慮到台灣特殊情況的需要，才有憲法第31條："在維護國家的主權、統一和領土完整的原則方面，我們是決不含糊的。同時，在具體政策、措施方面，我們又有很大的靈活性，充分照顧台灣地方的現實情況和台灣人民以及各方面人士的意願。這是我們處理這類問題的基本立場。"所謂的這類問題，從其基本精神來看，就是指包括香港、澳門在內的問題。所以，廖承志在 1983 年就指出："憲法第三十一條規定，必要時設立特別行政區。這是雙關的，既是對台灣說的，也是對港澳說的。"

中國憲法的規定為"一國兩制"的構想提供了明確的憲制依據。

009　什麼是高度自治？

自治是指依法自行管理本地區的地方事務。香港基本法第 2 條規定，"全國人民代表大會授權香港特別行政區依照本法的規定實行高度自治，享有行政管理權、立法權、獨立的司法權和終審權"。香港特別行政區享有的高度自治權，不僅比中國內地各省、自治區和直轄市享有的權力要高，而且在某些權限方面比實行聯邦制國家結構形式下屬邦的權限要高。

010　香港特別行政區享有哪些高度自治權？

根據香港基本法的有關規定，香港特別行政區高度自治權包括：

一、行政管理權；

二、立法權；

三、獨立的司法權和終審權；以及

四、處理一定對外事務的權力。

011 為什麼說高度自治不是"完全自治"？

高度自治不是"完全自治"，這是因為：

一、香港特區的高度自治權由全國人大授予的，而不是香港本身固有的；

二、中國是單一制國家，高度自治在本質上屬於單一制下的地方自治；

三、香港特別行政區必須依照本法規定實行高度自治，高度自治不是無限的，而是以基本法有關規定為限。

"完全自治"就是獨立。鄧小平在論述中國大陸和台灣和平統一的設想時指出不贊成完全自治的提法，"自治不能沒有限度，既有限度就不能'完全'。'完全自治'就是'兩個中國'，而不是一個中國"。

012 為什麼中國反對英國在談判過程中提出的"最大程度的自治"？

英國在中英談判解決香港問題的過程中，曾經一再以"最大程度的自治"來修改中方主張的"高度自治"內涵，反對將來設立的香港特別行政區直轄於中央人民政府，要求中方承諾不在香港駐軍，並要求在香港派駐性質不同於其他國家駐港總領事的英國專員代表機構，等等。所謂"最大程度的自治"，其實質是要把未來香港變成英國能夠影響的某種獨立或半獨立的政治實體，中方理所當然堅決反對，未予採納。

013 什麼是"港人治港"？為什麼"港人治港"須以愛國者為主體？

"港人治港"就是在中國對香港恢復行使主權的基礎上，由香港人依照基本法管理香港本地自治範圍內的事務。英國統治香港以來，建立了總督制的政治體制，總督大權獨攬，由英國委派並對英國負責，實行"英人治港"。1997 年後，中國政府根據"一國兩制"方針，在香港實行"港人治港"，這充分表明了中國政府對香港同胞的高度信任。

1984 年 6 月，鄧小平在會見香港有關方面人士的談話中指出："港人治港有個界線和標準，就是必須由以愛國者為主體的港人來治理香港，未來香港特區政府的主要成分是愛國者，當然也要容納別的人，還可以聘請外國人當顧問。什麼叫愛國者？愛國者的標準是，尊重自己民族，誠心誠意擁護祖國恢復行使對香港的主權，不損害香港的繁榮和穩定。"治港的人士，應以愛國者為主體，這是"一國兩制"的應有之義。只有由以愛國者為主體的港人治理香港，才能保證"一國兩制"方針的貫徹實施，確保香港的長期繁榮穩定。

愛國者治理是"港人治港"的精髓和內在邏輯要求。香港特區的高度自治權並非香港本身所固有，而是中央授權形成的。承擔香港管治權力的人，必須對國家負責、對香港負責。無論從國家根本利益，還是從香港特別行政區長遠利益出發，都必須堅持"以愛國者為主體的港人治理香港"，這是保證香港"一國兩制"實踐順利進行的嚴肅政治要求。

014 應當怎樣理解"五十年不變"的內涵？

香港基本法第 5 條規定："香港特別行政區不實行社會主義的制度和政策，保持原有的資本主義制度和生活方式，五十年不變。"

《中英聯合聲明》對香港保持原有的資本主義制度和生活方式做了明確規定。如香港的原有法律除與《基本法》相抵觸或香港特區的立法機關作出修改者外，予以保留，除因享有終審權而產生的變化外，原在香港實行的司法體制予以保留；保持原在香港實行的資本主義經濟制度和貿易制度；香港將保持自由港地位，並繼續實行自由貿易政策；原在香港實行的貨幣金融制度，包括對接受存款機構和金融市場的管理和監督制度，予以保留；保持原在香港實行的航運經營和管理體制，保持原在香港實行的教育制度，等等。這些內容都明確寫進了香港基本法。

"五十年不變"還包含着在內地實行的社會主義制度也不變的涵義。1987 年 4 月，鄧小平在會見香港特別行政區基本法起草委員會委員時指出，如果中國的社會主義制度和改革開放政策變了，也就沒有香港的繁榮和穩定："要保持香港五十年繁榮和穩定，五十年以後也繁榮和穩定，就要保持中國共產黨領導下的社會主義制度"，"試想，中國要是改變了社會主義制度，改變了中國共產黨領導下的具有中國特色的社會主義制度，香港會是怎樣？香港的繁榮和穩定也會吹的。要真正能做到五十年不變，五十年以後也不變，就要大陸這個社會主義制度不變"。

"五十年不變"不僅是指五十年內不變，而且還包含着"五十年以後也不變"的涵義。1987 年 4 月，鄧小平指出："香港在一九九七年回到祖國以後五十年政策不變，包括我們寫的基本法，至少要管五十年。我還要說，五十年以後更沒有變的必要。香港的地位不變，對香港的政策不變，對澳門的政策也不變，對台灣的政策按照'一國兩制'方針解決統一問題後五十年也不變，我們對內開放和對外開放政策也不變。"他又說："按照'一國兩制'的方針解決統一問題後，對香港、澳門、台灣的政策五十年不變，五十年之後還會不變。"1984 年 10 月，鄧小平在會見香港人士時說："我們在議定中說五十年不變，就是五十年不變。我們這一代不會變，下一代也不會變。到了五十年以後，大陸發展起來了，那時還會小裏小氣地處理這些問題嗎？所以不要擔心變，變不了。"2022 年 7 月 1 日，習近平在慶祝香港回歸祖國 25 周年大會暨香港特別行政區第六屆政府就職典禮上指出，"'一國兩制'是經過實踐反覆檢驗了的，符合國家、民族根本利益，符合香港、澳門根本利益，得到 14 億多祖國人民鼎力支持，得到香港、澳門居民一致擁護，也得到國際社會普遍贊同。這樣的好制度，沒有任何理由改變，必須長期堅持！"

"五十年不變"是指中國政府不會主動變更對香港的基本方針政策。"五十年不變"不是指回歸前的原有制度原封不動地永久保留下來，更不是指原有的法律和制度都不能改革、變革和發展。相反，香港特別行政區應當在符合"一國兩制"和憲法基本法的前提下，根據社會發展的情況，改進和完善一些確實需要完善的制度和體制，與時俱進，保持香港經濟繁榮和社會穩定。

015 如何理解香港原有法律基本不變？

《中英聯合聲明》第 3 條規定：現行的法律基本不變。香港基本法第 8 條對此作了明確規定：香港原有法律，即普通法、衡平法、條例、附屬立法和習慣法，除同本法相抵觸或經香港特別行政區的立法機關作出修改者外，予以保留。原有法律不變，是指香港本地的原有法律基本不變，至於原來適用於香港的英國成文法和英國專門為香港制定的法律，在香港回歸以後，就成為外國的法律了，不屬於香港基本法第 8 條所指的原有法律的範疇。

第 8 條所指的原有法律基本不變不是完全不變。這裏有兩種情況：

一、那些同香港基本法相抵觸，例如反映殖民統治性質或帶有殖民主義色彩的本地法律，必須刪除或修改；

二、一些本地法律由於實際情況變化而不再適應社會發展需要時，香港特別行政區立法機關可依照法定程序對其進行修改或廢除。

除上述兩種情況外，香港原有法律，包括普通法、衡平法、條例、附屬立法和習慣法繼續保留。

016 "一國兩制"的根本宗旨和最高原則是什麼？

香港基本法序言第二段規定："為了維護國家的統一和領土完整，保持香港的繁榮和穩定，並考慮到香港的歷史和現實情況，國家決定，在對香港恢復行使主權時，根據中華人民共和國憲法第三十一條的規定，設立香港特別行政區，並按照'一個國家，兩種制度'的方針，不在香港實行社會主義的制度和政策。"這段序言說明，在香港實行"一國兩制"的目的是為了維護國家的統一和領土完整，保持香港的繁榮和穩定。

維護國家的主權、安全、發展利益，維護香港長期繁榮穩定是香港實行"一國兩制"的根本宗旨。"一國"是實行"兩制"的基礎和前提。"兩制"從屬和派生於"一國"，並統一於"一國"之內。維護國家主權、安全、發展利益是"一國兩制"的最高原則。

017 什麼是主權？

16 世紀法國博丹在其著作《共和六論》（或譯《共和國六書》）最早提出了主權概念，並將主權定義為國家進行統治的絕對和永久的權力。因此，主權亦被稱為國家主權，是國家最重要的屬性，沒有主權也就不能稱其為國家。

主權可以分為對內主權和對外主權。就對內而言，主權是指國家有權自主決定自己的政治、經濟、法律、社會和文化制度及其生活方式，對自己領土上的一切人、物和事項有排他性的管轄權。就對外而言，主權是指國家有權獨立開展對外交往和處理國際事務，包括訂立條約、締結同盟、派遣和接受外交使節、參加國際交涉和提出國家求償等，並在國際關係中享有完全的權利能力和行為能力。主權是國家在國際法上得以存在的法律基礎，是指國家獨立自主地處理本國事務的最高權力。主權因此被稱為是國家在國際法上的根本屬性。在同一個國家，只能存在一個主權，而在正常情況下，一個國家也只能由一個政府代表國家行使主權。

018 為什麼是"恢復行使主權"，而不是"恢復主權"、"收回主權"或"主權回歸"？應當怎樣理解"恢復行使主權"的內涵？

香港自古以來就是中國的領土。1840 年以後英國通過武力和武力威脅迫使清政府簽訂了三個不平等條約，通過割讓和租借的形式，佔領香港。中國政府不承認三個不平等條約，英國對香港的佔領是非法的。這就是說，即使香港被英國佔領期間，香港的主權仍然屬於中國。既然主權屬於中國，又怎能說中國對香港"恢復主權"，或"收回主權"或"主權回歸"呢？所以，不能採用"恢復主權"、"收回主權"或"主權回歸"的說法。這些說法就等於承認當年英國對香港的割讓和租借是合法的，三個不平等條約是有效的。《中英聯合聲明》第 5 條，及附件二第 1 條和第 3 條第二項，都用了"政權交接"的表述，而非"主權交接"。

"恢復行使主權"，不是"主權恢復"，而是"主權恢復行使"。其關鍵是行使二字。主權是國家絕對的和最高的權力。恢復行使主權，是指中國政府對香港恢復行使作為主權國家所應該行使的權力，即恢復行使對香港的管治權力。"一國兩制"、"港人治港"和高度自治就是中國政府對香港實施管治的基本方針政策，中國憲法和香港基本法共同構成中國政府管治香港的憲制基礎。

019 為什麼中國不同意英國提出的主權換治權方案？

中英就香港問題開始談判時，英國堅持有關香港問題的三個不平等條約是有效的，中國則不承認三個不平等條約。1983 年 7 月 12 日中英談判進入第二階段後，直到 9 月 23 日第四輪談判結束時，英國提出主權換治權方案，即英國承認中國對香港擁有主權，但需允許英國在 1997 年後繼續管治香港。主權與治權是不可分的，中國當然予以拒絕。1983 年 11 月 9 日，中國外交部發言人指出，希望在明年 9 月前能同英國達成協定，如果屆時達不成協議，中國政府將單方面宣布自己對香港的政策方針。從第八輪談判開始，英方不再堅持對香港的治權。1984 年 4 月，英國外相訪華，宣稱英國原則上同意 1997 年後交出主權及治權。1984 年 9 月，雙方已就香港問題的解決達成協定，9 月 26 日雙方草簽了《中英聯合聲明》及其三個附件。

020 為什麼說中央對香港具有全面管治權？

在單一制國家，地方的權力並非本身所固有，而是來源於中央的授權。全面管治權是指在單一制國家結構形式下中央對所有地方的所有事務進行管轄和治理的權力。中國是在單一制國家結構形式下對香港恢復行使主權的,這就決定了中央對香港的管治權是全面的。正因為是一種全面管治權,所以,中央才可以把部分權力予以保留,部分權力授權給香港特別行政區行使,形成特別行政區的高度自治權。對於特別行政區的高度自治權,中央有監督的權力。

特別行政區制度是中央對香港特別行政區行使全面管治權的制度載體。憲法第 31 條規定:"國家在必要時得設立特別行政區。在特別行政區內實行的制度按照具體情況由全國人民代表大會以法律規定。"特別行政區制度是在中國單一制國家結構形式下設立的,本身就是國家管理制度的一個組成部分,其特殊性就是國家對特別行政區實施不同於普通地方的管理方式,實行"一國兩制"、"港人治港"、高度自治。這種特殊管治制度和管治方式本身就是在整個國家管理制度下運作的。

中央對香港特別行政區的全面管治權,包括中央直接行使的權力和授權香港特別行政區行使高度自治。中央在特別行政區直接行使的權力有:(1)組建特別行政區政權機關,如在當地通過選舉或協商基礎上任命行政長官,以及在行政長官提名的基礎上任命政府主要官員;(2)支持、指導和領導行政長官和特別行政區政府依法施政,如聽取行政長官每年一度的述職報告,就基本法規定的事務向行政長官發出指令;(3)負責管理與特別行政區有關的外交事務;(4)負責管理特別行政區防務;(5)行使憲法和基本法賦予全國人大常委會的有關職權,如接受特別行政區立法會制定的法律備案並有權發回使其立即失效，增減基本法附件三的全國性法律，對特別行政區作出新的授權，解釋基本法，接受終審法院法官和高等法院首席法官任命或免職的備案，等等。

中央的全面管治權，還包括中央對香港特別行政區的高度自治權進行監督的權力。授權是指權力行使的轉移，而非權力本身的轉移。授權者不可能授出自己所有的權力，為了保證自己是授權的主體地位，授權者就必須保留部分必要的權力。這些必要的權力其中就包含着變更、收回和變更授權的權力，以及對被授權者進行監督的權力。香港基本法對中央的監督權在行政管理、立法和司法方面有多處規定和深刻體現。如行政長官須向中央人民政府負責；香港特別行政區立法會制定的法律須報全國人大常委會備案，全國人大常委會若認為該法律不符合基本法關於中央管理的事務及中央和特別行政區關係的條款，可將有關法律發回，使其立即失效；香港特別行政區法院在審理案件時需要對基本法關於中央人民政府管理的事務或中央和特別行政區關係的條款進行解釋，而該條款的解釋又影響到案件的判決，在對該案件作出不可上訴的終局判決前，應由終審法院請全國人大常委會對有關條款作出解釋；等等。

021 應當怎樣理解中央全面管治權和特區高度自治權的關係？

"全面管治權"是對中央對特別行政區所擁有的所有權力的一種總體性概括，這種權力是基於中國單一制國家結構形式而形成的，是對中央權力在憲法上的抽象表達。高度自治權是對特別行政區所行使的行政管理權、立法權、獨立的司法權和終審權的一種總體性概括。全面管治權與特別行政區的高度自治權不僅不矛盾，反而恰恰說明特別行政區高度自治權來源於中央的全面管治權。兩者相輔相成，共同構成特別行政區治理體系的整體。

第一，全面管治權與高度自治權是密切聯繫在一起的。香港基本的許多條文都體現出這個。如第 13 條第一、二款規定中央人民政府負責管理與特別行政區有關的外交事務並在特別行政區設立機構處理外交事務，第三款規定中央人民政府授權特別行政區依照本法自行處理有關的對外事務。這是因為對外事務在本質上與外交事務是不能截然分開的。又如香港基本法第 45 條規定特別行政區行政長官在當地通過選舉或協商產生，由中央人民政府任命。這就是說，行政長官的產生辦法由兩部分構成的，先在當地通過選舉或協商產生，在此基礎上再報中央人民政府任命，在正常情況下缺乏其中一個環節，行政長官無法產生。

第二，全面管治權與特別行政區的高度自治權的區別在於：特別行政區高度自治權是根據基本法形成的，而中央的全面管治權是先於基本法的權力，是基於主權恢復行使而形成的權力。特別行政區的高度自治權本身就源於全面管治權，全面管治權有對高度自治權依法進行監督的權力。這兩種權力是相輔相成的，不能將兩者對立起來。特別行政區政治體制之所以不能稱為是一種"三權分立"的政治體制，其核心就在於這裏不止"三權"，這裏還有中央的權力。

第三，特別行政區的某種具體權力必須依照基本法的有關規定進行運作和行使，而不能利用高度自治權的概念對特別行政區的某種權力作無限擴大理解；全面管治權是對中央對特別行政區享有的權力在憲制上的一種抽象表達，具體行使權力時，要落實到某項條文、某個機構、某種職權及某種程序。中央對特別行政區的全面管治權，也要依法行使的。

022　香港基本法是什麼時候通過的？

香港基本法是第七屆全國人大第三次會議於 1990 年 4 月 4 日通過的。該日，國家主席楊尚昆發布了第 26 號主席令。該主席令內容如下：

《中華人民共和國香港特別行政區基本法》，包括附件一：《香港特別行政區行政長官的產生辦法》，附件二：《香港特別行政區立法會的產生辦法和表決程序》，附件三：《在香港特別行政區實施的全國性法律》，以及香港特別行政區區旗、區徽圖案，已由中華人民共和國第七屆全國人民代表大會第三次會議於 1990 年 4 月 4 日通過，現予公布，自 1997 年 7 月 1 日起實施。

023　香港基本法序言包括哪些內容？

香港基本法序言包括三個自然段，五句話。其中第一自然段共兩句話。第一句話敘述了香港問題的形成；第二句話敘述了香港問題的解決。第二自然段第一句話闡述了中國在解決香港問題以後對香港採取的基本方針政策；第二句話闡述了中國對香港的基本方針政策與中英聯合聲明的關係。第三自然段闡述了香港基本法的制定依據和目的。香港基本法序言具有法律效力。

024 為什麼說香港基本法的制定必須以憲法為根據？

香港基本法的制定必須以憲法為根據。這是憲法本身的地位決定的。憲法是一個國家的根本法，具有最高的法律地位和法律效力，其他法律的制定必須以憲法為依據。中國憲法本身對自己的最高法律地位作了明確規定："本憲法以法律的形式確認了中國各族人民奮鬥的成果，規定了國家的根本制度和根本任務，是國家的根本法，具有最高的法律效力。"

《中英聯合聲明》附件一《中華人民共和國政府對香港的基本方針政策的具體說明》對香港基本法必須根據憲法制定作了明確的規定："中華人民共和國憲法第三十一條規定：'國家在必要時得設立特別行政區。在特別行政區內實行的制度按照具體情況由全國人民代表大會以法律規定。'據此，中華人民共和國將在 1997 年 7 月 1 日對香港恢復行使主權時，設立中華人民共和國香港特別行政區。中華人民共和國全國人民代表大會將根據中華人民共和國憲法制定並頒布中華人民共和國香港特別行政區基本法，規定香港特別行政區成立後不實行社會主義的制度和政策，保持香港原有的資本主義制度和生活方式，五十年不變。"

香港基本法在其序言第三段對自身的制定依據是憲法也作了明確規定："根據中華人民共和國憲法，全國人民代表大會特制定中華人民共和國香港特別行政區基本法，規定香

港特別行政區實行的制度，以保障國家對香港的基本方針政
策的實施。"

025 怎樣理解香港基本法的制定依據問題？

香港基本法的制定依據包括兩個方面：一個是香港基本
法制定的法律依據，一個是香港基本法制定的政策依據。

香港基本法制定的法律依據是憲法。中國憲法第 31 條
是香港特別行政區的設立依據，而香港基本法的制定依據是
整部憲法，不僅僅是憲法第 31 條。香港基本法在其序言第
三段就明確規定是根據憲法而制定基本法的："根據中華人
民共和國憲法，全國人民代表大會特制定中華人民共和國香
港特別行政區基本法，規定香港特別行政區實行的制度，以
保障國家對香港的基本方針政策的實施。"

《中英聯合聲明》第 3 條宣布了中國政府對香港的基本
方針政策，並規定："關於中華人民共和國對香港的上述基
本方針政策和本聯合聲明附件一對上述基本方針政策的具體
說明，中華人民共和國全國人民代表大會將以中華人民共和
國香港特別行政區基本法規定之，並在五十年內不變。"《中
英聯合聲明》中中國對香港的基本方針政策及其具體說明是
憲法第 31 條在政策上的具體化。這些基本方針政策及其具
體說明就是中國制定香港基本法的政策依據。

026 香港基本法的結構有哪些特點？

香港基本法在結構上主要有兩個特點：

一、與憲法結構有些類似，包括序言、總則、居民的基本權利和義務、政治體制、經濟、文化、教育，以及本法的解釋和修改等章節；

二、除正文外，還設置了三個附件，三個附件的修改程序不同於正文的修改程序。

027 為什麼不能將香港基本法稱為香港特別行政區的憲法？又為什麼說香港基本法是香港特別行政區的憲制性法律？

香港特別行政區基本法是中國全國人民代表大會制定的基本法律之一，不是憲法。憲法是一個國家的根本大法，而1997年後香港是中國的一個特別行政區，是一個地方行政區域，不是一個國家，香港基本法也非香港特別行政區自身制定，而是全國人民代表大會制定的法律。中國憲法在香港特別行政區具有最高的法律效力。因此，不能說香港基本法是香港特別行政區的憲法。

香港基本法是中國在香港特別行政區實行"一國兩制"、"港人治港"和高度自治的法律化和具體化。香港基本法第11條規定："根據中華人民共和國憲法第三十一條，香港特別行政區的制度和政策，包括社會、經濟制度，有關保障居民的基本權利和自由的制度，行政管理、立法和司法方面的制度，以及有關政策，均以本法的規定為依據。香港特別行政區立法機關制定的任何法律，均不得同本法相抵觸。"

這就是說，香港基本法在香港特別行政區本地法律體系裏處於基礎地位，是香港特別行政區的立法依據，立法機關制定的任何法律均不得同基本法相抵觸。香港基本法是香港特別行政區的憲制性法律。

028 香港特別行政區的憲制基礎由哪部法律構成？

香港特別行政區的憲制基礎由中國憲法和香港基本法共同構成。

憲法序言第十三自然段："本憲法以法律的形式確認了中國各族人民奮鬥的成果，規定了國家的根本制度和根本任務，是國家的根本法，具有最高的法律效力。"憲法在香港特別行政區具有最高法律效力。憲法是國家的根本法，也是香港特別行政區的根本法。制定香港基本法的法律依據是中國憲法。香港基本法體現了中國憲法的原則和精神。憲法是中國在香港特別行政區實行"一國兩制"的根本法律依據，香港基本法是中國在香港特別行政區實行"一國兩制"的具體法律保障。憲法和基本法共同構成香港特別行政區憲制基礎，共同確立香港特別行政區的憲制秩序。

029 2018 年全國人大修改憲法有哪些主要內容？

中國現行憲法是 1982 年 12 月 4 日第五屆全國人大第五次會議通過的，並在 1988 年、1993 年、1999 年、2004 年和 2018 年進行了部分修改。憲法正文原來 138 條，現在共有 52 條憲法修正案。經修正過的憲法正文現在共 143 條。

2018 年 3 月 11 日第十三屆全國人大第一次會議通過了

憲法修正案第 32-52 條。2018 年全國人大對憲法修改的主要內容有：

一、確立科學發展觀、習近平新時代中國特色社會主義思想在國家政治和社會生活中的指導地位。

二、調整充實中國特色社會主義事業總體佈局和第二個百年奮鬥目標的內容，將"實現中華民族偉大復興"寫進憲法。

三、建立憲法宣誓制度，增寫"國家工作人員就職時應當依照法律規定公開進行憲法宣誓"。

四、充實完善中國革命和建設發展歷程的內容。

五、充實完善愛國統一戰線和民族關係的內容。

六、充實和平外交政策方面的內容，將"堅持和平發展道路，堅持互利共贏開放戰略"和"推動構建人類命運共同體"寫進憲法。

七、充實堅持和加強中國共產黨全面領導的內容，在憲法第一章《總綱》第一條第二款"社會主義制度是中華人民共和國的根本制度"。後增寫"中國共產黨領導是中國特色社會主義最本質的特徵"。

八、增加倡導社會主義核心價值觀的內容。

九、修改國家主席任職方面的有關規定，將國家主席、副主席"連續任職不得超過兩屆"刪去。

十、增加設區的市制定地方性法規的規定。

十一、增加有關監察委員會的各項規定，在憲法第三章《國家機構》第六節後增加一節，作為第七節"監察委員會"，就國家監察委員會和地方各級監察委員會的性質、地位、名稱、人員組成、任期任屆、領導體制、工作機制等作出規定。與此相適應，還在憲法相應條文作了如下修改。

十二、將憲法第 70 條中的"法律委員會"名稱改為"憲法和法律委員會"。

030 香港基本法的中文本和英文本如果發生衝突，應當以何者為依據？

1990 年 6 月 28 日，第七屆全國人大常委會第十四次會議通過的《關於〈中華人民共和國香港特別行政區基本法〉英文本的決定》規定："全國人民代表大會法律委員會主持審定的《中華人民共和國香港特別行政區基本法》英譯本為正式英文本，和中文本同樣使用；英文本中的用語的含義如果有與中文本有出入的，以中文本為準。"這就是說，如果香港基本法的中文本和英文本發生衝突，應當以中文本為依據。

031 為什麼說香港基本法是一部授權法？

香港特別行政區是中國單一制國家結構形式下的一個地方行政區域，不是一個獨立或半獨立的政治實體，香港沒有主權，香港所享有的高度自治權並非本身所固有，而是來自中華人民共和國的授予。

香港基本法對香港特別行政區的權力來源作了明確規定。第一，香港基本法在第 2 條明確指出，香港特別行政區享有的高度自治，包括行政管理權、立法權、獨立的司法權和終審權，來自全國人大的授權。第二，香港基本法還在其他一些條文明確規定全國人大常委會和中央人民政府授權香港特別行政區處理對外事務、解釋基本法、進行船舶登記、簽發特區護照，等等。第三，香港基本法規定中央還可以授予香港以其他權力。香港基本法第 20 條規定："香港特別行政區可享有全國人民代表大會和全國人民代表大會常務委員會及中央人民政府授予的其他權力。"這些規定，相互聯繫，就構成了一個完整的授權體系。在這個意義上，香港基本法也可以稱為是一部"授權法"。

032 中華人民共和國國旗是什麼？

1949 年 9 月 27 日，中國人民政治協商會議第一屆全體會議通過《關於中華人民共和國國都、紀年、國歌、國旗的決議》，規定中華人民共和國的國旗為紅地五星旗，象徵中國革命人民大團結。1990 年 6 月 28 日，全國人大常委會通過了《中華人民共和國國旗法》，並自 1990 年 10 月 1 日起施行。香港基本法附件三規定《關於中華人民共和國國都、紀年、國歌、國旗的決議》和《中華人民共和國國旗法》在香港特別行政區實施。

中華人民共和國國旗是中華人民共和國的象徵和標誌。每個公民和組織，都應當尊重和愛護國旗。

033 中華人民共和國國徽是什麼？

中華人民共和國國徽，中間是五星照耀下的天安門，周圍是穀穗和齒輪。1950 年 6 月 18 日，中國人民政治協商會議第一屆全國委員會第二次會議通過中華人民共和國國徽圖案及對該圖案的說明，同年 9 月 20 日，毛澤東主席命令公布中華人民共和國國徽。1991 年 3 月 2 日，全國人大常委會通過了《中華人民共和國國徽法》，並自 1991 年 10 月 1 日起施行。1990 年 4 月 4 日香港基本法公布時，將《中央人民政府公布中華人民共和國國徽的命令》附：國徽圖案、說明、使用辦法，列入附件三，1997 年 7 月 1 日全國人大常委會決定增減附件三，將《中華人民共和國國徽法》列入，而將《中央人民政府公布中華人民共和國國徽的命令》附：國徽圖案、說明、使用辦法從附件三裏刪除。

中華人民共和國國徽是中華人民共和國的象徵和標誌。一切組織和公民，都應當尊重和愛護國徽。

034 在香港特別行政區，國旗和國徽不得用於哪些用途？

根據香港法例《國旗及國徽條例》，國旗或其圖案不得展示或使用於：

一、商標、註冊外觀設計或商業廣告；

二、私人喪事活動；或

三、行政長官以規定限制或禁止展示或使用國旗或其圖案的其他場合或場所。

國徽或其圖案不得展示或使用於：

一、商標、註冊外觀設計或商業廣告；

二、日常用品和日常生活的陳設或佈置；

三、私人慶弔活動；或

四、行政長官以規定限制或禁止展示或使用國徽或其圖案的其他場合或場所。

任何人如未經合法授權或並無合理辯解,而違反上述規定,展示或使用國旗、國徽、國旗圖案或國徽圖案,即屬犯罪。

035 在香港特別行政區,什麼情況下國旗下半旗誌哀?

根據香港法例《國旗及國徽條例》,下列人士逝世,須下半旗誌哀:

一、中華人民共和國主席、全國人民代表大會常務委員會委員長、國務院總理、中央軍事委員會主席。

二、中國人民政治協商會議全國委員會主席。

三、中央人民政府知會行政長官,指為對中華人民共和國作出傑出貢獻的人。

四、中央人民政府知會行政長官,指為對世界和平或者人類進步事業作出傑出貢獻的人。

中央人民政府知會行政長官,謂發生特別重大傷亡的不幸事件或者嚴重自然災害造成重大傷亡時,可以下半旗誌哀。

036 中華人民共和國國歌是什麼?

1949 年 9 月 27 日,中國人民政治協商會議第一屆全體會議通過決議,在中華人民共和國國歌未正式制定前,以田漢作詞、聶耳作曲的《義勇軍進行曲》為國歌。1978 年

3 月 5 日,全國人民代表大會通過《義勇軍進行曲》新詞。
1982 年 12 月 4 日全國人大通過決議,撤銷 1978 年 3 月 5
日新詞,恢復田漢作詞的《義勇軍進行曲》為中華人民共和
國國歌。2004 年 3 月 14 日,第十屆全國人大第二次會議通
過的憲法修正案,規定:"中華人民共和國國歌是《義勇軍
進行曲》。"

國歌的歌詞如下:"起來!不願做奴隸的人們!把我們
的血肉築成我們新的長城!中華民族到了最危險的時候,每
個人被迫着發出最後的吼聲。起來!起來!起來!我們萬眾
一心,冒着敵人的炮火,前進!冒着敵人的炮火,前進!前
進!前進!進!"

037 中華人民共和國採用什麼紀年?

1949 年 9 月 27 日,中國人民政治協商會議第一屆全體
會議一致通過:中華人民共和國採用公元紀年。

香港特別行政區的紀年必須與中華人民共和國保持一致。

038 香港特別行政區區旗、區徽的寓意是什麼?

香港特別行政區區旗是一面中間配有五星花蕊的紫荊花
紅旗。紅旗代表祖國,白色紫荊花代表香港,紫荊花紅旗寓
意香港是祖國不可分離的一部分,並將在祖國懷抱中發展繁
榮。花蕊上的五星象徵香港同胞熱愛祖國,花、旗分別採用
紅、白不同顏色,象徵"一國兩制"。

香港特別行政區區徽呈圓形，周圍寫有中文中華人民共和國香港特別行政區和英文香港，中間圖案也是紅底白色五星花蕊，寓意與區旗相同。

039 在香港特別行政區同時升掛、使用國旗和區旗時，應當怎樣執行？

在香港特別行政區同時升掛、使用國旗和區旗時，按照下列規定執行：

一、凡國旗和區旗同時升掛、使用時，應當將國旗置於中心、較高或者突出的位置。

二、凡國旗和區旗同時或者並列升掛、使用時，國旗應當大於區旗，國旗在右、區旗在左。

三、列隊舉持國旗和區旗行進時，國旗應當在區旗之前。

040 香港特別行政區區旗和區徽不得用於哪些用途？

根據香港法例《區旗及區徽條例》，區旗、區徽、區旗圖案或區徽圖案不得展示或使用於：

一、商標或廣告；或

二、行政長官以規定限制或禁止展示或使用區旗、區徽、區旗圖案或區徽圖案的其他場合或場所。

任何人如未經合法授權或並無合理辯解，而在違反上述規定下，展示或使用區旗、區徽、區旗圖案或區徽圖案，即屬犯罪。

041 香港特別行政區區旗什麼情況下下半旗誌哀？

根據香港法例《區旗及區徽條例》，下列人士逝世，香港特別行政區區旗須下半旗誌哀：

一、中華人民共和國主席、全國人民代表大會常務委員會委員長、國務院總理、中央軍事委員會主席。

二、中國人民政治協商會議全國委員會主席。

三、中央人民政府知會行政長官，指為對中華人民共和國作出傑出貢獻的人。

四、中央人民政府知會行政長官，指為對世界和平或者人類進步事業作出傑出貢獻的人。

五、行政長官認為對香港特別行政區作出傑出貢獻的人，或行政長官認為適宜下半旗予以哀悼的人。

中央人民政府知會行政長官，謂發生特別重大傷亡的不幸事件或者嚴重自然災害造成重大傷亡時，香港特別行政區區旗可以下半旗誌哀。

發生特別重大傷亡的不幸事件或者嚴重自然災害造成重大傷亡時，如行政長官認為適宜下半旗，香港特別行政區區旗可以下半旗誌哀。

042 應當怎樣理解香港基本法第 9 條規定的語文制度？

香港基本法第 9 條規定："香港特別行政區的行政機關、立法機關和司法機關，除使用中文外，還可使用英文，英文

也是正式語文。"這一條文說明:

一、香港特別行政區行政機關、立法機關和司法機關使用中文是必須的,這是香港回歸中國後的主權體現和文化象徵。

二、香港基本法規定還可使用英文,英文也是正式語文,是指英文可以使用,也可以不使用,指在必要的情況下使用英文,英文也是正式語文。這是充分考慮到香港的歷史和現實情況。

三、香港基本法沒有指明必須同時使用中文和英文,也沒有指明英文具有與中文同等的法律地位。將香港基本法第 9 條簡單地理解為是在香港特別行政區確立雙語制是不準確的。

043 香港特別行政區境內的土地和自然資源的所有權屬於誰?

中國憲法第 10 條規定:"城市的土地屬於國家所有。農村和城市郊區的土地,除由法律規定屬於國家所有的以外,屬於集體所有。"第 9 條規定:"礦藏、水流、森林、山嶺、草原、荒地、灘塗等自然資源,都屬於國家所有,即全民所有;由法律規定屬於集體所有的森林和山嶺、草原、荒地、灘塗除外。"香港回歸前,香港土地依照英國法律屬於英王所有,稱為英王土地,亦即國家所有,並由總督作為英女王在香港的代表來支配。因此,中國對香港恢復行使主權,英國將香港交還中國,香港境內的土地和自然資源就應當屬於國家所有。這就與中國憲法的規定一致,也符合香港的實際情況。

　　香港基本法第7條規定："香港特別行政區境內的土地和自然資源屬於國家所有，由香港特別行政區政府負責管理、使用、開發、出租或批給個人、法人或團體使用或開發，其收入全歸香港特別行政區政府支配。"這就是說，國家對香港境內的土地和自然資源擁有所有權，而管理、使用和收益由香港特別行政區政府負責和支配。

第二章

中央和香港特別行政區的關係

044 什麼是單一制和聯邦制？

單一制是指由若干不享有獨立主權的地方行政區域組成的統一主權國家。聯邦制是指由兩個或兩個以上共和國或邦、州聯合組成的統一國家。單一制與聯邦制是在當代國家結構中兩種主要的形式。

單一制國家劃分為各個地方行政區劃，聯邦制國家則由各個聯邦成員組成。地方行政區劃是國家根據統治需要，按一定原則進行區域劃分的結果，國家主權先於各個行政區劃存在。各地方行使的權力來源於中央授權，並不是地方本身所固有。在單一制下，中央對地方具有全面管治權。聯邦成員國則是各成員單位先於聯邦國家存在。聯邦成員國在聯邦國家成立前，是單獨的享有主權的政治實體；在加入聯邦之後，雖然不再有完全獨立的主權，但在聯邦憲法規定的範圍內，聯邦成員的主權仍受到聯邦憲法的保障。

中華人民共和國是單一制國家。香港特別行政區是中國單一制國家結構形式下的一個直轄於中央人民政府的地方行政區域。

045 怎樣理解香港特別行政區的法律地位？

香港基本法序言第一句就規定："香港自古以來就是中國的領土。"第 1 條規定："香港特別行政區是中華人民共和國不可分離的部分"；第 12 條規定："香港特別行政區是中華人民共和國的一個享有高度自治權的地方行政區域，直轄於中央人民政府。"這就完整地說明了香港特別行政區的法律地位，即：

一、香港特別行政區是中華人民共和國不可分離的部分；

二、香港特別行政區是中華人民共和國的一個地方行政區域；

三、香港特別行政區享有高度自治權；

四、香港特別行政區直轄於中華人民共和國中央人民政府。

2020 年 6 月 30 日制定的《中華人民共和國香港特別行政區維護國家安全法》第 2 條還明確規定："關於香港特別行政區法律地位的香港特別行政區基本法第一條和第十二條規定是香港特別行政區基本法的根本性條款。香港特別行政區任何機構、組織和個人行使權利和自由，不得違背香港特別行政區基本法第一條和第十二條的規定。"

046 香港特別行政區特別在哪些地方？

香港這個地方區域的特別之處，在於它享有中央授予的高度自治權，不實行社會主義制度和政策，保持原有的資本主義制度和生活方式五十年不變。按照香港基本法規定，香港特別行政區的高度自治權包括行政管理權、立法權、獨立的司法權和終審權，以及中央人民政府授權香港特別行政區依照基本法自行處理有關對外事務的權力和全國人大、全國人大常委會或中央人民政府授予的其他權力。

香港特別行政區享有高度自治權，是香港區別於中國民族區域自治地方和普通地方行政區域的主要標誌。

047 中華人民共和國的行政區域是怎樣劃分的？

中國是單一制國家。中國憲法第 30 條規定，中華人民共和國的行政區域劃分如下：

一、全國分為省、自治區、直轄市；

二、省、自治區分為自治州、縣、自治縣、市；

三、縣、自治縣分為鄉、民族鄉、鎮。

直轄市和較大的市分為區、縣。自治州分為縣、自治縣、市。

自治區、自治州、自治縣都是民族自治地方。

憲法第 31 條規定：國家在必要時得設立特別行政區。在特別行政區內實行的制度按照具體情況由全國人民代表大會以法律規定。

目前中國有 34 個省級行政區，包括 23 個省（河北省、山西省、遼寧省、吉林省、黑龍江省、江蘇省、浙江省、安徽省、福建省、江西省、山東省、河南省、湖北省、湖南省、廣東省、海南省、四川省、貴州省、雲南省、陝西省、甘肅省、青海省、台灣省）、5 個自治區（內蒙古自治區、廣西壯族自治區、西藏自治區、寧夏回族自治區、新疆維吾爾自治區）、4 個直轄市（北京市、天津市、上海市、重慶市）和 2 個特別行政區（香港特別行政區、澳門特別行政區）。其中台灣尚未統一。

048 香港特別行政區的區域範圍包括哪些？

1990 年 4 月 4 日第七屆全國人民代表大會第三次會議根據《中華人民共和國憲法》第 31 條和第 62 條第十三項的規定，通過了《關於設立香港特別行政區的決定》，決定：

一、自 1997 年 7 月 1 日起設立香港特別行政區。

二、香港特別行政區的區域包括香港島、九龍半島，以及所轄的島嶼和附近海域。香港特別行政區的行政區域圖由國務院另行公布。

049 香港特別行政區在全國行政區劃裏的排列順序是怎樣的？

1997 年 12 月 15 日國務院發布了第［1997］113 號國函《國務院關於香港特別行政區簡稱及在全國行政區劃中排列順序的通知》。根據該通知，香港特別行政區簡稱 "港"，在全國行政區劃序列中，香港特別行政區列在台灣省之前。

050 香港基本法第二章標題裏的中央是指哪些中央機構？

根據 2018 年修正過的中國憲法，中央國家機構包括全國人大及其常委會、國家主席、國務院、中央軍事委員會、國家監察委員會、最高人民法院和最高人民檢察院等。由於中國在香港特別行政區實行 "一國兩制"，香港特別行政區享有獨立的司法權和終審權，因此，全國人大及其常委會、國家主席、國務院和中央軍事委員會對香港特別行政區產生直接管轄或監督的關係。

其中全國人大，全稱全國人民代表大會，是中國最高國家權力機關。全國人大常委會，即全國人民代表大會常務委員會，是全國人民代表大會的常設機關。國家主席根據全國人大及其常委會的決定公布法律，任免國務院總理副總理和其他組成人員，對外代表中華人民共和國進行國事活動，接受外國使節。國務院，即中央人民政府，是最高國家權力機關的執行機關和最高國家行政機關。中央軍事委員會領導全國武裝力量。

051 怎樣理解香港特別行政區直轄於中央人民政府的內涵？

香港基本法第 12 條規定："香港特別行政區是中華人民共和國的一個享有高度自治權的地方行政區域，直轄於中央人民政府。"直轄，是指直接管轄。香港特別行政區直轄於中央人民政府，是指香港特別行政區直接受中央人民政府管轄，中間再沒有一級地方行政區域來管轄。

052 香港特別行政區有哪些官員必須由中央人民政府任命？

根據香港基本法第 15、45、53 及第 48 條第（五）項，行政長官和政府主要官員須由中央人民政府任命：

一、行政長官。行政長官在當地通過選舉或協商產生後，由中央人民政府任命。行政長官提名並報請中央人民政府任命下列主要官員：

二、政務司司長、財政司司長和律政司司長，以及其副司長；

三、各局局長；

四、廉政專員、審計署署長、警務處處長、入境事務處處長、海關關長。

根據《中華人民共和國香港特別行政區維護國家安全法》，香港特別行政區設立維護國家安全委員會，維護國家安全委員會秘書長由行政長官提名，報請中央人民政府任命。中央人民政府指派國家安全事務顧問列席香港特別行政區維護國家安全委員會會議，就香港特別行政區維護國家安全委員會履行職責相關事務提供意見。

053　香港特別行政區哪些職務的任命或免職須報全國人大常委會備案？

根據香港基本法第 90 條的規定，香港特別行政區終審法院的法官和高等法院首席法官的任命或免職，還須由行政長官徵得立法會同意，並報請全國人民代表大會常務委員會備案。

根據 1993 年 3 月 31 日全國人民代表大會《關於批准澳門特別行政區基本法起草委員會關於設立全國人民代表大會常務委員會澳門特別行政區基本法委員會的建議的決定》，全國人民代表大會常務委員會香港特別行政區基本法委員會其中的 6 名香港委員，由香港特別行政區行政長官、立法會主席和終審法院首席法官聯合提名，報請全國人民代表大會常務委員會任命。

054 香港基本法為什麼規定防務和外交事務由中央人民政府負責？

這是因為防務和外交事務與主權密切相關，也是中國對香港恢復行使主權的典型體現。因此香港基本法第 13 條規定："中央人民政府負責管理與香港特別行政區有關的外交事務。"第 14 條規定："中央人民政府負責管理香港特別行政區的防務。"

055 除防務和外交外，香港基本法還規定有哪些權力由中央行使？

香港基本法規定中央人民政府負責管理與香港特別行政區有關的外交事務和香港特別行政區的防務（第 13、14 條）。

除此之外，中央行使的與香港特區有關的權力主要有：

一、中央人民政府在當地選舉或協商的基礎上，任命行政長官（第 15、45 條）；

二、中央人民政府根據行政長官的提名並報請，任命下列主要官員：各司司長、副司長、各局局長、廉政專員、審計署署長、警務處處長、入境事務處處長、海關關長；以及根據行政長官的建議，免除上述官員職務（第 48 條第五項）；

三、全國人民代表大會常務委員會發回立法會制定的法律並使其立即失效（第 17 條）；

四、全國人民代表大會常務委員會解釋基本法（第 158 條）；

五、全國人民代表大會修改基本法（第 159 條）；

六、立法會通過對行政長官的彈劾案，報請中央人民政府決定（第 73 條第九項）；

七、全國人民代表大會常務委員會對列於附件三的全國性法律予以增減（第 18 條）；

八、全國人民代表大會常務委員會宣布戰爭狀態或決定香港特別行政區進入緊急狀態（第 18 條）；

九、中央人民政府特別許可外國軍用船隻和外國國家航空器進入香港特別行政區（第 126、129 條）；

十、中華人民共和國其他地區同其他國家和地區的往返並經停香港特別行政區的航班，和涉及香港特別行政區同其他國家和地區的往返並經停中華人民共和國其他地區航班的民用航空運輸協定，由中央人民政府簽訂（第 132 條）；

十一、中央人民政府決定中華人民共和國締結的國際協議是否適用於香港特別行政區（第 153 條）；

十二、中央人民政府批准外國在香港特別行政區設立領事或其他官方、半官方機構（第 157 條）；

十三、全國人民代表大會常務委員會行使附件一和附件二的修改權（根據 2021 年 3 月 30 日修訂的香港基本法附件一第 10 條，2021 年 3 月 30 日修訂的香港基本法附件二第 8 條）；等等。

056 香港基本法規定香港特別行政區有哪些事務須報中央備案？

根據香港基本法的有關規定，下列事務須報中央備案：

一、立法會法律須報全國人大常委會備案（第 17 條）；

二、財政預算、決算須報中央人民政府備案（第 48 條第三項）；

三、在外國設立官方或半官方的經濟和貿易機構，報中央人民政府備案（第 156 條）；

四、終審法院的法官和高等法院首席法官的任命或免職，須報全國人大常委會備案（第 90 條）。

057 中央人民政府所屬各部門對香港特別行政區政府有關部門是否有直接領導關係？

香港基本法第 22 條規定："中央人民政府所屬各部門、各省、自治區、直轄市均不得干預香港特別行政區根據本法自行管理的事務。"中國在香港特別行政區實行"一國兩制"、"港人治港"和高度自治，中央人民政府所屬各部門與香港特別行政區政府相應部門之間不存在隸屬關係。

058 香港基本法對中央各部門和內地各省市來港設立機構有什麼要求？

香港基本法第 22 條規定：中央各部門、各省、自治區、直轄市如需在香港特別行政區設立機構，必須：

一、徵得香港特別行政區政府同意，及

二、中央人民政府批准。

內地所有在香港特別行政區設立的機構及其人員，均須遵守香港特別行政區的法律。

059 香港回歸後，內地居民是否可以自由進出香港？

香港基本法第 22 條規定："中國其他地區的人進入香港特別行政區須辦理批准手續，其中進入香港特別行政區定居的人數由中央人民政府主管部門徵求香港特別行政區政府的意見後確定。"這就說明，中國內地各省、自治區和直轄市的居民不能自由出入香港，而必須經過一定的批准手續。

060 什麼是單程證和雙程證？

所謂單程證，其正式名稱是前往港澳通行證，是指中國內地公安部門發給有條件的申請人赴港澳地區定居的證件類型。單程的意思是指只有去的一程，沒有回的一程。持有人必須註銷內地戶口並在規定的時間內前往，在香港和澳門定居七年以上，即可獲得香港和澳門特別行政區永久性居民身份證。

所謂雙程證，其正式名稱是往來港澳通行證，是指中國內地公安部出入境管理局簽發給內地居民因私往來香港或澳門地區旅遊、探親、從事商務、培訓、就業、求學等非公務活動的旅行證件。雙程是指有來有回，意即不能在特別行政區定居。

061 中國內地居民單程赴港澳定居的申請條件有哪些？

根據有關規定，中國內地居民符合以下情形之一的，可以申請單程證赴港澳定居：

一、夫妻一方定居香港、澳門，分居多年的；

二、定居香港、澳門的父母年老體弱，必須由內地子女前往照料的；

三、內地無依無靠的老人和兒童須投靠在香港、澳門的直系親屬或近親屬的；

四、定居香港、澳門直系親屬的產業無人繼承，必須由內地子女去定居才能繼承的；

五、有其他特殊情況必須去定居的。

062 香港基本法為什麼規定內地居民進入香港和進入香港定居的人數由中央人民政府確定？

根據中英原來簽訂的不平等條約，中國人可以自由出入香港。1949 年中華人民共和國成立後，考慮到各種因素，中國政府自行決定控制進入香港定居的人數。《中英聯合聲明》附件一第十四小節規定："對中國其他地區的人進入香港特別行政區將按現在實行的辦法管理"，即維持原有的做法。香港基本法第 22 條第四款規定中國其他地區的人進入香港特別行政區須辦理批准手續，其中進入香港特別行政區定居的人數由中央人民政府主管部門徵求香港特別行政區政府的意見後確定。

063 香港基本法如何規定在香港特別行政區選舉全國人大代表？

香港基本法第 21 條規定："香港特別行政區居民中的中國公民依法參與國家事務的管理。根據全國人民代表大會確定的名額和代表產生辦法，由香港特別行政區居民中的中國公民在香港選出香港特別行政區的全國人民代表大會代表，參加最高國家權力機關的工作。"

根據香港基本法的規定，在香港特別行政區選舉全國人大代表：

一、由全國人大確定代表名額；

二、由全國人大確定代表產生辦法；

三、由香港居民中的中國公民在香港選出，這裏的香港居民，既包括永久性居民，也包括非永久性居民。

現在香港的全國人大代表名額為 36 名。

064 應當怎樣理解香港特別行政區與台灣地區的關係？

世界上只有一個中國，台灣和大陸同屬一個中國。1997年香港回歸以後，香港特別行政區與台灣地區的關係，是兩岸關係的特殊組成部分。九七後香港的涉台問題，凡屬涉及國家主權和兩岸關係的事務，由中央人民政府安排處理，或由香港特別行政區政府在中央人民政府的指導下處理。

065 中央人民政府確定的處理九七後香港涉台事務的基本原則和政策有哪些？

1995 年 6 月 22 日，國務院副總理錢其琛在香港特別行政區籌備委員會預備工作委員會第五次全體會議上代表國務院宣布了《中央人民政府處理"九七"後香港涉台問題的基本原則和政策》。這些基本原則和政策是：

一、港、台兩地現有的各種民間交往關係，包括經濟文化交流、人員往來等，基本不變。

二、鼓勵、歡迎台灣居民和台灣各類資本到香港從事投資、貿易和其他工商活動。台灣居民和台灣各類資本在香港的正當權益依法受到保護。

三、根據"一個中國"的原則，香港特別行政區與台灣地區的空中航線和海上運輸航線，按"地區特殊航線"管理。香港特別行政區與台灣地區間的海、空航運交通，依雙向互惠原則進行。

四、台灣居民可根據香港特別行政區法律進出香港地區，或在當地就學、就業、定居。為方便台灣居民出入香港，中央人民政府將就其所持證件等問題作出安排。

五、香港特別行政區的教育、科學、技術、文化、藝術、體育、專業、醫療衛生、勞工、社會福利、社會工作等方面的民間團體和宗教組織，在互不隸屬、互不干涉和互相尊重的原則基礎上，可與台灣地區的有關民間團體和組織保持和發展關係。

六、香港特別行政區與台灣地區之間以各種名義進行的官方接觸往來、商談、簽署協議和設立機構，須報請中央人民政府批准，或經中央人民政府具體授權，由特別行政區行政長官批准。

七、台灣現有在香港的機構及人員可繼續留存，他們在行動上要嚴格遵守《中華人民共和國香港特別行政區基本法》，不得違背"一個中國"的原則，不得從事損害香港的安定繁榮以及與其註冊性質不符的活動。我們鼓勵、歡迎他們為祖國的統一和保持香港的繁榮穩定作出貢獻。

066 既然實行"一國兩制"，為什麼還要在香港特別行政區實施列於附件三的全國性法律？

香港回歸後，實行"一國兩制"、"港人治港"和高度自治，內地絕大部分法律，如民法、刑法、民事訴訟法、刑事訴訟法等都不適用於香港。但有些全國性法律，如有關國防、外交方面的法律，涉及國家統一和主權，就有必要適用到香港特別行政區，因此香港基本法第 18 條第二、三款規定："全國性法律除列於本法附件三者外，不在香港特別行政區實施。凡列於本法附件三之法律，由香港特別行政區在當地公布或立法實施。全國人民代表大會常務委員會在徵詢其所屬的香港特別行政區基本法委員會和香港特別行政區政府的意見後，可對列於本法附件三的法律作出增減，任何列入附件三的法律，限於有關國防、外交和其他按本法規定不屬於香港特別行政區自治範圍的法律。"

附件三內容是針對平常情況下全國性法律的適用問題。考慮到如果香港特別行政區發生了非常情況，全國性法律也需要適用到香港特別行政區的情況，香港基本法第 18 條第四款作了明確規定："全國人民代表大會常務委員會決定宣布戰爭狀態或因香港特別行政區內發生香港特別行政區政府不能控制的危及國家統一或安全的動亂而決定香港特別行政區進入緊急狀態，中央人民政府可發布命令將有關全國性法律在香港特別行政區實施。"

067 現在有哪些全國性法律列於香港基本法附件三？

1990 年 4 月 4 日香港基本法通過時，當時有六個全國性法律列於附件三。香港基本法附件三明確規定："下列全國性法律，自 1997 年 7 月 1 日起由香港特別行政區在當地公布或立法實施。"這六個全國性法律是：（1）《關於中華人民共和國國都、紀年、國歌、國旗的決議》；（2）《關於中華人民共和國國慶日的決議》；（3）《中央人民政府公布中華人民共和國國徽的命令》附：國徽圖案、說明、使用辦法；（4）《中華人民共和國政府關於領海的聲明》；（5）《中華人民共和國國籍法》；（6）《中華人民共和國外交特權與豁免條例》。

1997 年 7 月 1 日香港回歸，香港基本法開始實施，全國人大常委會通過決定增加：（7）《中華人民共和國國旗法》；（8）《中華人民共和國領事特權與豁免條例》；（9）《中華人民共和國國徽法》；（10）《中華人民共和國領海及毗連區法》；（11）《中華人民共和國香港特別行政區駐軍法》，同時刪去第（3）項的《中央人民政府公布中華人民共和國國徽的命令》附：國徽圖案、說明、使用辦法。

1998 年 11 月 4 日全國人大常委會通過決定，增加：（12）《中華人民共和國專屬經濟區和大陸架法》。

2005 年 12 月 27 日全國人大常委會通過決定，增加：（13）《中華人民共和國外國中央銀行財產司法強制措施豁免法》。

2017 年 11 月 4 日全國人大常委會通過決定，增加：（14）《中華人民共和國國歌法》。

2020 年 6 月 30 日全國人大常委會通過決定，增加：（15）《中華人民共和國香港特別行政區維護國家安全法》，並由香港特別行政區在當地公布實施。

至此，列於香港基本法附件三的全國性法律共有 14 個法律。

068 香港基本法委員會的性質和任務是什麼？

香港基本法委員會，全稱全國人民代表大會常務委員會香港特別行政區基本法委員會，其性質是全國人民代表大會常務委員會下設的工作委員會，其任務是就有關香港基本法第 17 條、第 18 條、第 158 條、第 159 條實施中的問題進行研究，並向全國人大常委會提供意見。

香港基本法第 17 條規定全國人大常委會有權發回立法會法律使其立即失效，第 18 條規定全國人大常委會有權增減附件三的全國性法律，第 158 條和第 159 條規定基本法的

解釋和修改問題，香港基本法委員會就上述事務進行研究，
並提供意見。

069 香港基本法委員會是怎樣組成的？

香港基本法委員會成員 12 人，由全國人大常委會任命內
地和香港人士各 6 人組成，其中包括法律界人士，任期 5 年。
香港委員須由在外國無居留權的香港特別行政區永久性居民中
的中國公民擔任，由香港特別行政區行政長官、立法會主席和
終審法院首席法官聯合提名，報全國人大常委會任命。

070 國務院港澳辦的職能有哪些？

國務院港澳辦是國務院港澳事務辦公室的簡稱。其性質
是中華人民共和國國務院的辦事機構，主管香港及澳門特別行
政區事務，協助國務院總理處理港澳事務。其主要職能有：

一、貫徹執行"一國兩制"方針和中央對香港、澳門的
政策規定，執行香港特別行政區基本法、澳門特別行政區基
本法；

二、瞭解香港、澳門的有關情況，提出政策建議；

三、負責與香港、澳門特別行政區政府的有關工作聯繫；

四、承辦國務院交辦的與香港、澳門有關的法律事宜，
就基本法實施涉及的相關法律問題研究提出意見；

五、負責指導和管理內地與香港、澳門因公往來的有
關事務，協同有關部門和地方推動與香港、澳門在經濟、科
技、文化等領域的交流與合作；

六、參與擬訂對駐香港、澳門中資機構有關管理的政策，參與內地企業和中資機構在香港、澳門的有關協調工作；

七、對中央駐香港、澳門機構提出的有關事宜提供意見、建議和工作協助；

八、承辦國務院交辦的其他事項。

071 香港中聯辦的職能有哪些？

香港中聯辦，全稱中央人民政府駐香港特別行政區聯絡辦公室，是中華人民共和國中央人民政府派駐在香港特別行政區的辦事機構。香港中聯辦的前身是香港新華社。

香港新華社，亦稱新華通訊社香港分社，成立於 1947 年 5 月。香港回歸前，香港新華社以中華人民共和國政府駐香港最高代表機構的身份，履行中央賦予的各項職責。香港回歸後，香港特區政府於 1999 年 7 月 2 日在《政府憲報》上公布，新華通訊社香港分社是中央人民政府在香港特區設立的機構之一。1999 年 12 月 28 日，國務院決定將中央人民政府授權的工作機構新華通訊社香港分社，並更名為中央人民政府駐香港特別行政區聯絡辦公室，簡稱中聯辦。國務院同時賦予中聯辦五項職能：

一、聯繫外交部駐香港特別行政區特派員公署和中國人民解放軍駐香港部隊；

二、聯繫並協助內地有關部門管理在香港的中資機構；

三、促進香港與內地之間的經濟、教育、科學、文化、體育等領域的交流與合作，聯繫香港社會各界人士，增進內地與香港之間的交往，反映香港居民對內地的意見；

四、處理有關涉台事務；

五、承辦中央人民政府交辦的其他事項。

新華通訊社香港分社更名為香港中聯辦後，原新華通訊社香港分社，承擔的新聞業務，則由新華通訊社提請香港特區政府註冊的新華通訊社香港特別行政區分社繼續承擔。

072 外交部駐香港特別行政區特派員公署的職能有哪些？

香港基本法第 13 條第一款和第二款規定："中央人民政府負責管理與香港特別行政區有關的外交事務。中華人民共和國外交部在香港設立機構處理外交事務。"外交部駐香港特別行政區特派員公署是中華人民共和國外交部根據《中華人民共和國香港特別行政區基本法》的規定，在香港特別行政區設立的負責處理與香港特別行政區有關的外交事務的機構。

根據基本法的有關規定，駐港公署的職責是：處理由中央人民政府負責管理的與香港特區有關的外交事務；協助香港特區政府依照基本法或經授權自行處理有關對外事務；辦理中央人民政府和外交部交辦的其他事務。具體包括：

一、協調處理香港特別行政區參加有關國際組織和國際會議事宜；協調處理國際組織和機構在香港特別行政區設立辦事機構問題；協調處理在香港特別行政區舉辦政府間國際會議事宜；

二、處理有關國際公約在香港特別行政區的適用問題；協助辦理須由中央人民政府授權香港特別行政區與外國談判締結的雙邊協定的有關事宜；

三、協調處理外國在香港特別行政區設立領事機構或其他官方、半官方機構的有關事宜；

四、承辦外國國家航空器和外國軍艦訪問香港特別行政區等有關事宜。

073　香港駐軍有哪些職責？

香港基本法第 14 條第一款規定："中央人民政府負責管理香港特別行政區的防務。"香港駐軍法對香港駐軍的職責作了進一步規定。根據《中華人民共和國香港特別行政區駐軍法》第 5 條，香港駐軍履行下列防務職責：

一、防備和抵抗侵略，保衛香港特別行政區的安全；

二、擔負防衛勤務；

三、管理軍事設施；

四、承辦有關的涉外軍事事宜。

074　香港駐軍人員有哪些義務和紀律？

香港駐軍法第 16 條規定香港駐軍人員應當履行下列義務：

一、忠於祖國，履行職責，維護祖國的安全、榮譽和利益，維護香港的安全；

二、遵守全國性的法律和香港特別行政區的法律，遵守軍隊的紀律；

三、尊重香港特別行政區政權機構，尊重香港特別行政區的社會制度和生活方式；

四、愛護香港特別行政區的公共財產和香港居民及其他人的私有財產;

五、遵守社會公德,講究文明禮貌。

香港駐軍人員違反全國性的法律和香港特別行政區的法律的,依法追究法律責任。香港駐軍人員違反軍隊紀律的,給予紀律處分。

075 香港駐軍人員能否參加香港特別行政區政治組織?

香港駐軍法第 17 條明確規定香港駐軍人員不得參加香港特別行政區的政治組織、宗教組織和社會團體,第 18 條還規定香港駐軍和香港駐軍人員不得以任何形式從事營利性經營活動,香港駐軍人員不得從事與軍人職責不相稱的其他任何活動。

076 應當怎樣理解香港駐軍與香港特別行政區政府的關係?

香港駐軍法第三章以香港駐軍與香港特別行政區政府的關係為標題,規定了兩者的關係,其主要內容包括:

第一,香港駐軍直接隸屬中華人民共和國中央軍事委員會領導,執行憲法和基本法賦予的防務任務,不干預香港特別行政區的地方事務。

第二,香港特區政府應當支持駐軍履行防務職責,保障駐軍和駐軍人員的合法權益。駐軍和特區政府應建立必要的聯繫，協商處理與駐軍有關的事宜。

第三，香港特區制定政策和擬定法案，涉及香港駐軍的，應當徵求香港駐軍的意見。香港駐軍進行訓練、演習等軍事活動，涉及香港特區公共利益的，應當事先通報香港特區政府。

第四，駐軍和香港特區政府共同保護香港特區內的軍事設施。駐軍會同香港特區政府劃定軍事禁區，其位置、範圍由特區政府宣布。香港特區政府應當協助駐軍維護軍事禁區的安全。駐軍依照香港特區的法律保護禁區內的自然資源、文物古跡及非軍事權益。

第五，駐軍的軍事用地，經中央人民政府批准不再用於防務目的，無償交由特區政府處理。特區政府如需將部分軍事用地用於公共用途，必須經中央人民政府批准；經批准的，特區政府應當在中央人民政府同意的地點，為駐軍重新提供軍事用地和軍事設施，並負擔所有費用。

第六，特區政府在必要時，可向中央人民政府請求駐軍協助維護社會治安和救助災害。特區政府經中央人民政府批准後，駐軍才可以根據中央軍事委員會的命令出動執行上述任務，任務完成後即返回駐地。駐軍在進行維持社會治安和救助災害的行動中，在特區政府的安排下，由駐軍最高指揮官或者其授權的軍官實施指揮，駐軍人員行使特區法律規定的權力。

077 為什麼香港基本法規定特別行政區法院對國防、外交等國家行為無管轄權？

國家在"一國兩制"裏具有特定的內涵，"一個國家"就是指中華人民共和國，香港基本法裏的國家行為是指中華人民共和國針對香港做出的行為，亦即恢復行使主權的行為。特別行政區法院的審判權是國家授予的，在"一國兩制"的憲法架構下，法院只能處理特別行政區內部的事務，而不能對國家行為的合法性做出判斷。

法院對國防、外交等國家行為無管轄權，是指法院對國家對特別行政區做出的行為無權判斷其合法性。如果法院在審理案件中遇到涉及國家行為的事實問題時，按照香港基本法規定，應取得行政長官就該等問題發出的證明文件，上述文件對法院有約束力。行政長官在發出證明文件前，須取得中央人民政府的證明書。

078 香港基本法第 19 條第三款國防、外交等國家行為裏的"等"字應當怎樣理解？

這裏的國家行為是指中華人民共和國做出的行為。香港基本法第 19 條第三款所規定的"等"字應當理解為國家行為除國防和外交外，還應當包括其他的國家行為。如中央在香港設立特別行政區，制定和修改基本法，解釋基本法，宣布香港原有法律同基本法相抵觸，任命行政長官和政府主要官員，以及決定將有關國際條約適用於香港，特別許可外國軍用船隻進入香港，授予特別行政區以某種權力，等等。

079 什麼是"一地兩檢"？全國人大常委會《關於批准〈內地與香港特別行政區關於在廣深港高鐵西九龍站設立口岸實施"一地兩檢"的合作安排〉的決定》有哪些主要內容？

　　"一地兩檢"是指在兩個國家或兩個地區的邊境管制機關，在同一地點完成兩地的出境與入境檢查、檢疫手續。

　　2017 年 12 月 27 日，第十二屆全國人大常委會第三十一次會議通過《關於批准〈內地與香港特別行政區關於在廣深港高鐵西九龍站設立口岸實施"一地兩檢"的合作安排〉的決定》。該決定指出，建設廣深港高鐵並實現香港與全國高鐵網路的互聯互通，有利於促進香港與內地之間的人員往來和經貿活動，有利於深化香港與內地的互利合作，有利於香港更好地融入國家發展大局，對保持香港長期繁榮穩定具有重要意義。在廣深港高鐵香港西九龍站實施"一地兩檢"，設立內地口岸區，專門用於高鐵乘客及其隨身物品和行李的通關查驗，是必要的。香港特區政府與內地有關方面就在西九龍站設立口岸並實施"一地兩檢"的相關問題協商作出適當安排，是香港特區依法行使高度自治權的明確體現。在西九龍站設立內地口岸區，不改變香港特區行政區域範圍，不影響香港依法享有的高度自治權，不減損香港居民依法享有的權利和自由。根據憲法和香港基本法，全國人大常委會決定：

　　一、批准 2017 年 11 月 18 日廣東省人民政府與香港特別行政區政府簽署的《合作安排》，並確認《合作安排》符合憲法和香港特別行政區基本法。香港特別行政區應當立法保障《合作安排》得以落實。

二、西九龍站內地口岸區的設立及具體範圍，由國務院批准。西九龍站內地口岸區自啟用之日起，由內地依照內地法律和《合作安排》實施管轄，並派駐出入境邊防檢查機關、海關、檢驗檢疫機構、口岸綜合管理機構和鐵路公安機關依法履行職責，上述機構及其人員不在西九龍站內地口岸區以外區域執法。

三、西九龍站口岸啟用後，對《合作安排》如有修改，由國務院批准，並報全國人民代表大會常務委員會備案。

080 什麼是總體國家安全觀？

傳統上的國家安全，是指以國防維護主權統一和領土的完整。在當代世界，國家安全通常泛指透過使用經濟、軍事、政治、外交等各種手段，來維護國家的持續存在和發展。2014 年 4 月 15 日，習近平在中央國家安全委員會第一次全體會議上指出："當前我國國家安全內涵和外延比歷史上任何時候都要豐富，時空領域比歷史上任何時候都要寬廣，內外因素比歷史上任何時候都要複雜，必須堅持總體國家安全觀，以人民安全為宗旨，以政治安全為根本，以經濟安全為基礎，以軍事、文化、社會安全為保障，以促進國際安全為依託，走出一條中國特色國家安全道路。"

2015 年 7 月 1 日，全國人大常委會通過的《中華人民共和國國家安全法》第 2 條定義了總體國家安全權，"國家安全是指國家政權、主權、統一和領土完整、人民福祉、經濟社會可持續發展和國家其他重大利益相對處於沒有危險和不受內外威脅的狀態，以及保障持續安全狀態的能力"。

081 香港基本法為什麼規定香港特別行政區自行立法維護國家安全？

任何國家首先都要維護其國家安全。只有在這個前提下，才談得上促進經濟、改善民生、保障人權及發展民主。中國憲法序言明確規定中國是全國各族人民共同締造的統一的多民族國家，第 28 條規定國家鎮壓叛國和其他危害國家安全的犯罪活動，第 52 條規定公民有維護國家統一和全國各民族團結的義務，第 54 條規定公民有維護祖國的安全、榮譽和利益的義務，不得有危害祖國的安全、榮譽和利益的行為。這些條款為中國進行維護國家安全的立法提供了最高法律依據。

憲法的這些條款亦在香港特別行政區具有最高法律效力。中國刑法分則第一章規定了危害國家安全罪，對背叛國家、分裂國家、武裝叛亂、暴亂、顛覆國家政權等行為做出嚴厲打擊。由於香港特別行政區實行"一國兩制"，原有的法律制度基本保留，所以，內地刑法相關條款不適用到香港。但這不等於危害國家安全的行為在香港就是合法的。因此，香港基本法第 23 條授權香港特別行政區自行立法維護國家安全。

082 香港基本法第 23 條的內容主要包括哪些？落實第 23 條立法，會否違反國際人權公約？

香港基本法第 23 條規定："香港特別行政區應自行立法禁止任何叛國、分裂國家、煽動叛亂、顛覆中央人民政府及竊取國家機密的行為，禁止外國的政治性組織或團體在香港特別行政區進行政治活動，禁止香港特別行政區的政治性組織或團體與外國的政治性組織或團體建立聯繫。"這裏包含着兩個意思：

一、應自行立法禁止任何叛國、分裂國家、煽動叛亂、顛覆中央人民政府及竊取國家機密的行為；

二、應自行立法禁止外國的政治性組織或團體在香港特別行政區進行政治活動，禁止香港特別行政區的政治性組織或團體與外國的政治性組織或團體建立聯繫。

落實第 23 條立法並不違反國際人權公約。《公民權利和政治權利國際公約》和《經濟、社會與文化權利的國際公約》的許多條款明確指出權利和自由要受到必要的限制，這些限制包括國家安全、公共秩序與道德等。如《經濟、社會與文化權利國際公約》第 8 條規定了人人有權組織工會和參加他所選擇的工會和工會有權自由地進行工作，但同時指出不得加以除法律所規定及在民主社會中為了國家安全或公共秩序的利益或為保護他人的權利和自由所需要的限制以外的任何限制。又如《公民權利和政治權利國際公約》第 12 條規定了遷徙自由，並指出要受到法律所規定並為保護國家安全、公共秩序、公共衛生或道德、或他人的權利和自由所必需且與該公約所承認的其他權利不抵觸的限制。第 14 條規定了公開審理原則，並規定由於民主社會中的道德的、公共秩序的或國家安全的理由，可不使記者和公眾出席全部或部分審判，第 21 條規定了和平集會的權利，對此項權利的行使不得加以限制，除去按照法律以及在民主社會中為維護國家安全或公共安全、公共秩序，保護公共衛生或道德或他人的權利和自由的需要而加的限制。第 22 條規定了結社的權利，但受到法律所規定的限制以及在民主社會中為維護國家安全或公共安全、公共秩序，保護公共衛生或道德，或他人的權利和自由所必需的限制，等等。

083 全國人民代表大會為什麼要出台《關於建立健全香港特別行政區維護國家安全的法律制度和執行機制的決定》？

　　2020 年 5 月 28 日，第十三屆全國人大第三次會議表決通過了《關於建立健全香港特別行政區維護國家安全的法律制度和執行機制的決定》。

　　全國人民代表大會出台該決定的原因在於：

　　第一，香港回歸二十多年來，由於反中亂港勢力和外部敵對勢力的極力阻撓、干擾，23 條立法一直沒有完成。而且，自 2003 年 23 條立法受挫以來，這一立法在香港已被一些別有用心的人嚴重污名化、妖魔化，香港特別行政區完成 23 條立法實際上已經很困難。香港基本法明確規定的 23 條立法有被長期“擱置”的風險。

　　第二，香港現行法律中一些源於回歸之前、本來可以用於維護國家安全的有關規定，長期處於"休眠"狀態。香港特別行政區現行法律的有關規定難以有效執行。

第三，香港特別行政區在維護國家安全的機構設置、力量配備和執法權力等方面存在明顯缺失，有關執法工作需要加強；香港社會需要大力開展維護國家安全的教育，普遍增強維護國家安全的意識。

總的來看，香港維護國家安全的法律制度和執行機制都明顯存在不健全、不適應、不符合的"短板"問題，香港特別行政區危害國家安全的各種活動愈演愈烈，保持香港長期繁榮穩定、維護國家安全面臨着不容忽視的風險。因此，有必要和迫切性從國家層面建立健全香港特別行政區維護國家安全的法律制度和執行機制。

084 全國人大出台的《關於建立健全香港特別行政區維護國家安全的法律制度和執行機制的決定》包括哪些主要內容？

《關於建立健全香港特別行政區維護國家安全的法律制度和執行機制的決定》分為導語和正文兩部分。導語部分扼要說明作出這一決定的起因、目的和依據。正文決定共有七條。主要內容包括：

第一，香港特別行政區應當盡早完成香港基本法規定的維護國家安全立法；

第二，中央人民政府維護國家安全的有關機關根據需要在香港特別行政區設立機構，依法履行維護國家安全相關職責；

第三，香港特別行政區應當建立健全維護國家安全的機構和執行機制，強化維護國家安全執法力量，加強維護國家安全執法工作。行政長官應當就香港特別行政區履行維護國家安全職責、開展國家安全教育、依法禁止危害國家安全的行為和活動等情況，定期向中央人民政府提交報告；

第四，授權全國人大常委會就建立健全香港特別行政區維護國家安全的法律制度和執行機制制定相關法律，切實防範、制止和懲治任何分裂國家、顛覆國家政權、組織實施恐怖活動等嚴重危害國家安全的行為和活動以及外國和境外勢力干預香港特別行政區事務的活動。全國人大常委會決定將上述相關法律列入《中華人民共和國香港特別行政區基本法》附件三，由香港特別行政區在當地公布實施。

085 全國人大常委會通過的《中華人民共和國香港特別行政區維護國家安全法》包括哪些主要內容？

2020 年 6 月 30 日，全國人大常委會通過了《中華人民共和國香港特別行政區維護國家安全法》。該法律共分六章，包括總則、香港特別行政區維護國家安全的職責和機構，罪行和處罰，案件管轄、法律適用和程序，中央人民政府駐香港特別行政區維護國家安全機構，附則，共 66 個條文。全國人大常委會並通過決定將其列入香港基本法附件三公布實施。主要內容包括：

第一，規定中央人民政府對香港特別行政區有關的國家安全事務負有根本責任；香港特別行政區負有維護國家安全的憲制責任，應當履行維護國家安全的職責。

第二，設立香港特別行政區維護國家安全委員會。香港特別行政區維護國家安全委員會由行政長官擔任主席，成員包括政務司長、財政司長、律政司長、保安局局長、警務處處長、警務處維護國家安全部門的負責人、入境事務處處長、海關關長和行政長官辦公室主任。香港特別行政區維護國家安全委員會設立國家安全事務顧問，由中央人民政府指派，就香港特別行政區維護國家安全委員會履行職責相關事務提供意見。國家安全事務顧問列席香港特別行政區維護國家安全委員會會議。

第三，香港特別行政區政府警務處設立維護國家安全的部門，配備執法力量。警務處維護國家安全部門的職責為：（1）收集分析涉及國家安全的情報信息；（2）部署、協調、推進維護國家安全的措施和行動；（3）調查危害國家安全犯罪案件；（4）進行反干預調查和開展國家安全審查；（5）承辦香港特別行政區維護國家安全委員會交辦的維護國家安全工作；（6）執行本法所需的其他職責。

第四，中央人民政府在香港特別行政區設立維護國家安全公署。中央人民政府駐香港特別行政區維護國家安全公署依法履行維護國家安全職責，行使相關權力。有以下情形之一的，經香港特別行政區政府或者駐香港特別行政區維護國家安全公署提出，並報中央人民政府批准，由駐香港特別行政區維護國家安全公署對該法規定的危害國家安全犯罪案件行使管轄權：（1）案件涉及外國或者境外勢力介入的複雜情況，香港特別行政區管轄確有困難的；（2）出現香港特別行政區政府無法有效執行本法的嚴重情況的；（3）出現國家安全面臨重大現實威脅的情況的。

第五，規定了分裂國家罪、顛覆國家政權罪、恐怖活動罪、勾結外國或者境外勢力危害國家安全罪的罪行和刑罰。

第六，香港特別行政區行政長官應當從裁判官、區域法院法官、高等法院原訟法庭法官、上訴法庭法官以及終審法院法官中指定若干名法官，也可從暫委或者特委法官中指定若干名法官，負責處理危害國家安全犯罪案件。凡有危害國家安全言行的，不得被指定為審理危害國家安全犯罪案件的法官。在獲任指定法官期間，如有危害國家安全言行的，終止其指定法官資格。

第七，香港特別行政區本地法律規定與該法不一致的，適用該法規定。

086 為什麼說香港特別行政區沒有剩餘權力？

剩餘權力主要是指聯邦制國家結構形式下憲法沒有明確歸屬的那部分權力。剩餘權力歸屬邦是聯邦制國家通常採用的原則。美國即採用剩餘權力歸各州的原則。中國是單一制國家，香港特別行政區是中國單一制國家結構形式下的一個地方行政區域，香港特別行政區的高度自治權力是中央授予的。如果某項權力在香港基本法中沒有明確規定其歸屬的話，此項權力只能看成是中央的，因為特別行政區所有的權力都來自中央。當然，中央也可以將此項權力授權給香港特別行政區行使。因此，香港基本法第 20 條對此作了明確規定："香港特別行政區可享有全國人民代表大會和全國人民代表大會常務委員會及中央人民政府授予的其他權力。"

087 香港特別行政區與聯邦制國家下的屬邦有什麼本質性的區別？

香港特別行政區與聯邦制國家下的屬邦，如美國的各州、印度的各邦、俄羅斯的各共和國，主要有以下幾個本質性的區別：

一、香港特別行政區沒有自己的憲法，其憲制性法律只能稱為基本法，中國的憲法只有一部，即中國憲法；而在聯邦制國家，既有聯邦的憲法，也有屬邦的憲法；

二、香港特別行政區沒有自己的固有權力和剩餘權力，與中央的權力關係是授權而非分權；

三、香港特別行政區的行政區域由中央劃定，其區旗和區徽亦是中央為其制定的；

四、香港特別行政區不是獨立或半獨立的政治實體，行政長官在當地通過選舉或協商的基礎上由中央人民政府任命，政府主要官員由行政長官提名並報請中央人民政府任命。

088 應當怎樣理解全國人大及其常委會在香港特別行政區的法律地位？

中國憲法第 2 條規定："中華人民共和國的一切權力屬於人民。人民行使國家權力的機關是全國人民代表大會和地方各級人民代表大會。"第 57 條規定："中華人民共和國全國人民代表大會是最高國家權力機關。它的常設機關是全國人民代表大會常務委員會。"全國人大作為中國最高國家權力機關，統一行使全國人民賦予的最高權力，向全國人民負責，受全國人民監督；全國人大常委會是全國人大的常設機關，在全國人大閉會期間，行使中國的最高國家權力。這些權力包括制定憲法、解釋憲法及監督憲法實施、行使國家立法權、決定國家重大事務，任免國家主席和國務院、中央軍事委員會、最高人民法院及最高人民檢察院組成人員，以及對其工作進行監督的權力。這些權力是中國國家生活中最重要的權力，涉及國家政治生活的整體運作和全國人民的利益，所以，必須由全國人大和全國人大常委會行使。

香港基本法規定了全國人大及其常委會在香港特別行政區行使的權力，包括：

一、全國人大設立香港特別行政區；

二、全國人大制定和修改香港基本法；

三、全國人大授權香港實行高度自治；

四、全國人大常委會接受香港立法會制定的法律備案，並有權發回法律，使其無效；

五、全國人大常委會增減列於附件三的全國性法律；

六、全國人大常委會決定宣布戰爭狀態或宣布香港進入緊急狀態；

七、全國人大或全國人大常委會再授予香港特別行政區其他權力；

八、全國人大確定香港特別行政區全國人大代表的名額和代表產生辦法；

九、全國人大常委會接受香港終審法院的法官和高等法院首席法官任命或免職的備案；

十、全國人大常委會解釋香港基本法；

　　十一、全國人大常委會在特別行政區成立時，審查香港原有法律；

　　十二、全國人大常委會修改香港基本法附件一和附件二；等等。

　　全國人大及其常委會在香港特別行政區具有最高國家權力機關的憲法地位。香港特別行政區法院不能審查全國人大及其常委會做出的決定和解釋，香港立法會也無權通過對全國人大及其常委會的譴責案或遺憾案。在香港，更不能以所謂民間公投和電子公投的形式否決全國人大及其常委會做出的決定。

第三章

居民的基本權利和義務

089 香港特別行政區居民主要包括哪兩類？成為香港永久性居民需要具備哪些條件？

根據香港基本法第 24 條第一款規定，香港特別行政區居民，簡稱香港居民，包括永久性居民和非永久性居民兩類。

根據香港基本法第 24 條第二、三款規定，香港特別行政區永久性居民為：

（一）在香港特別行政區成立以前或以後在香港出生的中國公民；

（二）在香港特別行政區成立以前或以後在香港通常居住連續七年以上的中國公民；

（三）第（一）、（二）兩項所列居民在香港以外所生的中國籍子女；

（四）在香港特別行政區成立以前或以後持有效旅行證件進入香港、在香港通常居住連續七年以上並以香港為永久居住地的非中國籍的人士；

（五）在香港特別行政區成立以前或以後第（四）項所列居民在香港所生的未滿 21 周歲的子女；

（六）第（一）至（五）項所列居民以外在香港特別行政區成立以前只在香港有居留權的人。

以上居民在香港特別行政區享有居留權和有資格依照香港特別行政區法律取得載明其居留權的永久性居民身份證。

香港特別行政區非永久性居民是指有資格依照香港特別行政區法律取得香港居民身份證，但沒有居留權的人。

根據香港基本法條款，香港永久性居民可以分為三種情況：

一、第 24 條第二款第（一）至（三）項規定的中國公民及他們在香港以外所生的中國籍子女。

二、第 24 條第二款第（四）、（五）項規定的非中國籍人士及其在香港所生的未滿 21 周歲的子女。

三、第 24 條第二款第（六）項規定的在香港特別行政區成立以前只在香港有居留權的人，即無國籍的人。

090 什麼是香港居留權？

香港居留權指的是一個人在回歸前的香港或者回歸後的香港特別行政區可以永久居住的權利。對擁有香港居留權的人士，香港入境事務處將簽發香港永久性居民身份證。

擁有香港居留權的人：

一、可以進入香港；

二、可以在香港無條件逗留；

三、香港政府不得把擁有香港居留權的人遞解或遣送離境。

091 香港永久性居民和非永久性居民在哪些方面享有的權利不同？

根據香港基本法，香港永久性居民和非永久性居民在以下方面享有的權利不同：

一、永久性居民享有居留權（第 24 條），而非永久性居民不能享有居留權；

二、永久性居民依法享有選舉權和被選舉權（第 26

條），而非永久性居民不能享有選舉權和被選舉權；

三、香港特別行政區的行政機關和立法機關由永久性居民按基本法的有關規定組成（第 3 條），在香港特別行政區政府各部門任職的公務人員，除法律規定的例外情況，必須是香港特別行政區永久性居民（第 99 條），而非永久性居民不能享有此項權利。

092 什麼是國籍？持有英國屬土公民護照的香港居民是不是中國公民？

國籍是指一個人屬於某個國家的國民或公民的法律資格，也是國家實行外交保護的依據。國籍有出生取得和加入取得兩種。出生取得主要有血統主義和出生地主義。而加入取得通常有自願申請入籍，以及因婚姻、收養或領土變更而取得國籍。中國憲法第 33 條規定："凡具有中華人民共和國國籍的人都是中華人民共和國公民。" 中國國籍法第 2 條規定："中華人民共和國是統一的多民族的國家，各民族的人都具有中國國籍"；第 3 條規定："中華人民共和國不承認中國公民具有雙重國籍。"

1984 年 12 月 19 日，中英雙方交換了關於國籍問題的備忘錄。中方的備忘錄指出：

一、根據中華人民共和國國籍法，所有香港中國同胞不論其是否持有英國屬土公民護照，都是中國公民。

二、考慮到香港的歷史背景和現實情況，中華人民共和國主管部門自 1997 年 7 月 1 日起，允許原被稱為英國屬土公民的香港中國公民使用由聯合王國政府簽發的旅行證件去其他國家和地區旅行。

三、上述中國公民在香港特別行政區和中華人民共和國其他地區不得因其持有上述英國旅行證件而享受英國的領事保護。

這是充分考慮到香港的實際情況，對國籍問題作出的妥善解決。

093 哪些人可以領取中國香港特區護照？

根據香港基本法第 154 條，香港特別行政區永久性居民中的中國公民才有權領取中國香港特區護照。

094 領取香港旅行證件的其他合法居留者包括哪些人？

香港基本法第 154 條規定："中央人民政府授權香港特別行政區政府依照法律給持有香港特別行政區永久性居民身份證的中國公民簽發中華人民共和國香港特別行政區護照，給在香港特別行政區的其他合法居留者簽發中華人民共和國香港特別行政區的其他旅行證件。上述護照和證件，前往各國和各地區有效，並載明持有人有返回香港特別行政區的權利。"

這裏的其他合法居留者，包括永久性居民中的非中國籍人士、非永久性居民中的中國公民和非中國籍人士。這些人士只能領取其他旅行證件，而不能領取中國香港特區護照。

095 香港基本法規定哪些職位必須是由在外國無居留權的永久性居民中的中國公民擔任？

根據香港基本法和全國人大的有關決定，下列職位必須由在外國無居留權的永久性居民中的中國公民擔任：

一、行政長官由年滿 40 周歲，在香港通常居住連續滿二十年並在外國無居留權的永久性居民中的中國公民擔任（第 44 條）；

二、行政會議成員由在外國無居留權的永久性居民中的中國公民擔任（第 55 條第二款）；

三、主要官員由在香港通常居住連續滿十五年並在外國無居留權的永久性居民中的中國公民擔任（第 61 條）；

四、立法會主席由年滿 40 周歲，在香港通常居住連續滿二十年並在外國無居留權的永久性居民中的中國公民擔任（第 71 條第二款）；

五、終審法院和高等法院的首席法官應由在外國無居留權的永久性居民中的中國公民擔任（第 90 條第一款）；

六、香港基本法委員會香港委員須在外國無居留權的永久性居民中的中國公民擔任（全國人大《關於批准香港特別行政區基本法起草委員會關於設立全國人民代表大會常務委員會香港特別行政區基本法委員會的建議的決定》）；

七、香港立法會由在外國無居留權的永久性居民中的中國公民組成，但非中國籍的永久性居民和在外國有居留權的永久性居民也可以當選為立法會議員，其所佔比例不得超過立法會全體議員的 20%（第 67 條）。

096 香港基本法對外籍人士擔任政府公職的權利有哪些規定？

香港基本法對香港居民中的外籍人士享有權利作了保障：

一、香港永久性居民依法享有選舉權和被選舉權（第 26 條），這裏的永久性居民包括永久性居民中的外籍人士；非中國籍的香港永久性居民和在外國有居留權的香港永久性居民也可以當選為立法會議員，但不能超過全體議員的 20 %（第 67 條）；

二、香港法官和其他司法人員可從其他普通法適用地區聘用（第 92 條）；

三、香港特區政府可任用原香港公務人員中的或持有香港永久性居民身份證的英籍和其他外籍人士擔任政府部門的各級公務人員，但主要官員不在此列（第 101 條第一款）；

四、香港特區政府還可聘請英籍和其他外籍人士擔任政府部門的顧問，必要時並可從香港特區以外聘請合格人員擔任政府部門的專門和技術職務（第 101 條第二款）。

097 香港基本法規定香港居民享有哪些基本權利？

香港基本法第三章居民的基本權利和義務規定香港居民享有以下的基本權利：

一、香港永久性居民享有居留權（第 24 條）；

二、在法律面前一律平等（第 25 條）；

三、香港永久性居民依法享有選舉權和被選舉權（第
26 條）；

四、言論、新聞、出版的自由，結社、集會、遊行、示
威的自由，組織和參加工會、罷工的權利和自由（第 27 條）；

五、人身自由不受侵犯（第 28 條）；

六、住宅和其他房屋不受侵犯（第 29 條）；

七、通訊自由和通訊秘密受法律保護（第 30 條）；

八、遷徙和出入境自由（第 31 條）；

九、信仰和宗教信仰的自由（第 32 條）；

十、選擇職業的自由（第 33 條）；

十一、進行學術研究、文學藝術創作和其他文化活動的
自由（第 34 條）；

十二、與法律服務有關的權利和訴權（第 35 條）；

十三、依法享受社會福利的權利，勞工的福利待遇和退
休保障受法律保護（第 36 條）；

十四、婚姻自由和自願生育的權利（第 37 條）；

十五、新界原居民的合法傳統權益受保護（第 40 條）；

十六、香港法律保障的其他權利和自由（第 38 條）。

另外，香港基本法還在其他章節規定了一些基本權利，
如私有財產權等。

098 香港基本法對財產權是怎樣規定的？

香港在回歸後保持原有的資本主制度和生活方式五十
年不變，而保護私有財產是資本主義的核心，所以基本法
將保護香港居民私有財產權提到非常高的地位。香港基本

法第一章總則第 6 條明確規定："香港特別行政區依法保護私有財產權。"

第五章經濟第 105 條又作了進一步規定："香港特別行政區依法保護私人和法人財產的取得、使用、處置和繼承的權利，以及依法徵用私人和法人財產時被徵用財產的所有人得到補償的權利。徵用財產的補償應相當於該財產當時的實際價值，可自由兌換，不得無故遲延支付。企業所有權和外來投資均受法律保護。"

099 香港基本法為什麼規定香港居民有自願生育的權利？

香港基本法第 37 條規定："香港居民的婚姻自由和自願生育的權利受法律保護。"中國憲法第 25 條規定："國家推行計劃生育，使人口的增長同經濟和社會發展計劃相適應"；第 49 條第二款規定："夫妻雙方有實行計劃生育的義務。"憲法的這些規定，是從中國整個國家的實際情況出發的，但從香港的實際情況來看，並不需要實行計劃生育，因此香港基本法明確規定香港居民有自願生育的權利。

100 香港基本法第 40 條為什麼在"新界"二字加上引號？

新界這塊土地本來屬於廣東省寶安縣，位於九龍半島北端，自古以來就是中國的領土，在中國歷史上從來沒有新界這個地名。英國佔領這片土地後，將其取名為新領土（New

Territories），中文名為"新界"，充滿了殖民主義者的掠奪色彩。因此，香港基本法第 40 條裏的新界二字就帶上引號。

101 "新界"原居民的合法傳統權益是指哪些？

香港基本法第 40 條規定："新界"原居民的合法傳統權益受香港特別行政區保護。

所謂"新界"原居民，係指其父系為 1898 年在香港的原有鄉村居民。"新界"原居民的合法傳統權益通常被認為是根據清代的慣例和習俗遺留下來的。1898 年英國強租新界後也給予新界原居民原來的各種傳統權益，包括：

一、男性原居民有權興建丁屋（其後代的男丁可擁有這個權利）；

二、鄉村屋宇可獲豁免向政府交付差餉；

三、可給予土地交換和徵用補償的條件；

四、鄉村屋宇用地在續年期內，只需交付象徵性租金；

五、可獲保留在風水地繼續土葬的權利等。

中英談判期間，鑒於五十年不變的原則，這些傳統權益得以保留。因此，《中英聯合聲明》附件三規定：至於舊批約地段、鄉村屋地、丁屋地和類似的農村土地，如該土地在 1984 年 6 月 30 日的承租人，或在該日以後批出的丁屋地的承租人，其父系為 1898 年在香港的原有鄉村居民，只要該土地的承租人仍為該人或其合法父系繼承人，租金將維持不變。

考慮到這一規定和香港的實際情況，香港基本法對"新界"原居民的合法傳統權益作了專門規定，並將上述《中英聯合聲明》附件三的內容全部寫入基本法第五章第 122 條：

原舊批約地段、鄉村屋地、丁屋地和類似的農村土地，如該土地在 1984 年 6 月 30 日的承租人，或在該日以後批出的丁屋地承租人，其父系為 1898 年在香港的原有鄉村居民，只要該土地的承租人仍為該人或其合法父系繼承人，原定租金維持不變。

102 哪些人屬於香港基本法第 41 條所指的香港居民以外的其他人？

香港基本法第 41 條規定："在香港特別行政區境內的香港居民以外的其他人，依法享有本章規定的香港居民的權利和自由。"這是指赴港旅遊、經商、求學、出席會議的人，以及難民和非法入境者。

103 兩個國際人權公約是指哪兩個公約？

兩個國際人權公約是指《公民權利和政治權利國際公約》（*The International Covenant on Civil and Political Rights*, 第 2200A［XXI］號決議案）和《經濟、社會與文化權利的國際公約》（*The International Covenant on Economic, Social and Cultural Rights*, 第 2200A［XXI］號決議案），由聯合國第 21 屆大會在 1966 年 12 月 16 日通過的。其中《經濟、社會與文化權利的國際公約》在 1976 年 1 月 3 日批准國達到公約第 27 條所規定的 35 個國家且滿 3 個月後開始生效，而《公民權利和政治權利國際公約》在 1976 年 3 月 23 日批准國達到公約第 49 條所規定的 30 個國家且滿 3 個月後開始生效。

104 香港基本法對兩個國際人權公約的適用有何規定？

香港基本第 39 條規定："《公民權利和政治權利國際公約》、《經濟、社會與文化權利的國際公約》和國際勞工公約適用於香港的有關規定繼續有效，通過香港特別行政區的法律予以實施。香港居民享有的權利和自由，除依法規定外不得限制，此種限制不得與本條第一款規定抵觸。"這就說明：

一、《公民權利和政治權利國際公約》和《經濟、社會與文化權利的國際公約》不再作為一項整體在香港適用的國際條約而發生效力，而是原來適用於香港的有關規定被確認為繼續有效；

二、不是《公民權利和政治權利國際公約》和《經濟、社會與文化權利的國際公約》的全部規定被確認為繼續有效，而是有關規定被確認為繼續有效；

三、這些有關規定，不是直接適用於香港特別行政區，而是通過香港特別行政區本地的法律予以實施；

四、香港居民享有的權利和自由，除依法規定外不得限制，此種限制不得與這些有關規定抵觸。

105 香港基本法第 39 條裏的國際勞工公約為什麼沒有加上書名號？

香港基本法第 39 條所提到的國際勞工公約，是國際勞工組織制定的一系列公約的總稱。國際勞工組織成立於 1919年，該組織的主要工作是向各會員國政府頒布國際性的勞工標準。這些標準通常是以公約和建議書的形式出現，涵蓋了結社自由、組織權利、集體談判、廢除強迫勞動、機會和待遇平等以及規範整個工作領域工作條件的標準。

106 英國 1976 年在將兩個國際人權公約引申適用到香港時對哪些條文作出了保留？

英國在 1976 年簽署兩個國際人權公約時，作出的其中一項聲明就是：

第一，聯合王國政府聲明，該國政府瞭解，憑藉聯合國憲章第 103 條的規定，倘其根據公約第 1 條規定的義務，與其根據憲章（特別是憲章第 1、2 及 73 條）規定的義務有任何抵觸，則以憲章規定的義務為準。

而英國在交存公約的批准書時，提出的保留條文及聲明的第一項內容就是：第一，聯合王國政府維持其在簽署公約時就第一條所作的聲明。

有關《公民權利和政治權利國際公約》的其他保留條文有：

一、第 10 條第二款 b 項和第 10 條第三款有關被拘禁的少年須與成年人分開收押的規定；

二、第 12 條第一款有關遷徙自由的規定；

三、第 12 條第四款有關進入本國權利的規定；

四、第 13 條有關驅逐出境的規定；

五、第 20 條有關禁止宣傳戰爭和民族歧視的規定；

六、第 24 條第三款關於兒童國籍的規定；

七、第 25 條 b 項關於選舉的規定。

其中關於第 13 條和第 25 條 b 項的保留特別指出是針對

香港的情況而作出的。

有關《經濟、社會與文化權利的國際公約》的其他保留條文包括有：

一、第 6 條關於工作權的規定及第 7 條甲段一款有關私人機構男女同工同酬的規定；

二、第 8 條關於有權成立全國性工會或聯盟的規定。

107 為什麼說《公民權利和政治權利國際公約》第 25 條 b 項不具有在香港特別行政區適用的法律效力？

《公民權利和政治權利國際公約》第 25 條規定，"凡屬公民，無分第二條所列之任何區別，不受無理限制，均應有權利及機會：（子）直接或經由自由選擇之代表參與政事；（丑）在真正、定期之選舉中投票及被選。選舉權必須普及而平等，選舉應以無記名投票法行之，以保證選民意志之自由表現；（寅）以一般平等之條件，服務本國公職"。

英國在 1976 年將《公民權利和政治權利國際公約》延伸適用到香港時，曾經對其中第 25 條（丑）項作出保留。有關第 25 條（丑）項的保留聲明如下："聯合王國政府就第二十五條（丑）款可能要求在香港設立經選舉產生的行政局或立法局，保留不實施該條文的權利。"英國直至香港回歸前並未撤回它對第 25 條（丑）項的保留。香港基本法第 39 條規定兩個國際人權公約適用於香港的有關規定繼續有效，因此，《公民權利和政治權利國際公約》第 25 條（丑）項不屬於該公約在香港繼續適用的有關規定。

<u>108</u> 解放軍是否在香港特別行政區徵兵？

香港基本法和香港法律沒有規定香港居民有服兵役的義務。當前，香港基本法附件三《在香港特別行政區實施的全國性法律》沒有將《中華人民共和國兵役法》列入，因而，兵役法不在香港特別行政區實施。

<u>109</u> 應當怎樣理解香港基本法第 32 條所指的信仰自由？

香港基本法第 32 條規定："香港居民有信仰的自由。"信仰自由是指保持自己喜歡的行為原則以及根據此種原則進行生活的權利。信仰的含義既可以指思想，也可以是信念以及信仰宗教等。

<u>110</u> 香港基本法對香港居民的權利和自由作了哪些方面的多層次保障？

香港基本法不僅在總則對保障香港居民的權利和自由作了原則性的規定，而且在第三章和其他有關章節中作了多層次的規定，包括：

一、總則第 4 條規定，香港特別行政區依法保障香港居民和其他人的權利和自由；

二、第三章從第 25 條至第 37 條，規定了永久性居民的選舉權和被選舉權，香港居民的平等權、政治自由、人身自由、住宅不受侵犯、通訊自由、遷徙自由、信仰和宗教信仰自由、選擇職業自由、學術自由、法律救濟權、社會福利權、婚姻和生育自由等；

三、第 38 條規定，香港居民享有香港特別行政區法律保障的其他權利和自由；

四、第 39 條規定，《公民權利和政治權利國際公約》、《經濟、社會與文化權利的國際公約》和國際勞工公約適用於香港的有關規定繼續有效，通過香港特別行政區的法律予以實施。香港居民享有的權利和自由，除依法規定外不得限制，此種限制不得與本條第一款規定抵觸；

五、第 40 條規定，"新界"原居民的合法傳統權益受香港特別行政區的保護；

六、第 41 條規定，在香港特別行政區境內的香港居民以外的其他人，依法享有第三章規定的香港居民的權利和自由；

七、除第三章專門規定香港居民的權利和自由外，還在其他章節作了規定，如第 21 條規定：香港特別行政區居民中的中國公民依法參與國家事務的管理；第 6 條規定：香港特別行政區依法保護私有財產權；第 105 條規定：香港特別行政區依法保護私人和法人財產的取得、使用、處置和繼承的權利，以及依法徵用私人和法人財產時被徵用財產的所有人得到補償的權利。徵用財產的補償應相當於該財產當時的實際價值，可自由兌換，不得無故遲延支付。企業所有權和外來投資均受法律保護，等等。

111 與中國憲法相比，香港基本法規定了哪些特有的權利與自由？

與中國憲法相比，香港基本法關於居民的基本權利和自由的規定有許多不同點，主要包括：

一、組織和參加工會、罷工的權利和自由（第 27 條）；

二、遷徙自由和出入境自由（第 31 條）；

三、信仰自由（第 32 條）；

四、自願生育的權利（第 38 條）。

第四章

政治體制

112 什麼是政治體制？

政治體制是指行政、立法和司法等政權機關在運作過程中所必須遵循的制度和機制。其主要內容包括：

一、行政、立法和司法等政權機關是怎樣產生的？

二、行政、立法和司法等政權機關的關係是怎樣的？

三、行政、立法和司法等政權機關的職權有哪些？

香港特別行政區的政治體制，決定了香港特別行政區政權機關的組織、地位及作用，對於確保良好管治，進而維護國家主權和保證香港的繁榮穩定，具有十分重要的意義。

113 應當怎樣理解香港回歸前後政治體制的性質變化？

香港回歸後，政治體制起了根本性變化：

一、香港回歸前，由英國派出總督來管治，實行 "英人治港"，香港回歸後，實行 "港人治港"，行政機關和立法機關由香港永久性居民依法組成，行政長官在當地通過選舉或協商產生，由中央人民政府任命；

二、香港回歸前，總督對英國負責，香港回歸後，行政長官對中央人民政府和香港特別行政區負責；

三、香港回歸前，總督由英女王委任，香港市民無權監督，香港回歸後，行政長官如有嚴重違法或瀆職行為，立法會通過一定程序可提出彈劾案，報請中央人民政府決定。

114 為什麼不能簡單地將香港特別行政區政治體制稱為"三權分立"？

"三權分立"是指將國家的權力分為立法、行政和司法三種，分別交由議會、內閣或總統、法院三個不同機關行使，並通過互相制約，使得沒有一種權力可以凌駕於其他權力之上，從而達成權力的互相平衡。三權分立理論通常認為是法國的孟德斯鳩提出的。美國是典型的三權分立國家。

"三權分立"主要是指國家層次上的政治制度。香港自古以來就是中國領土，回歸後成為中國的一個特別行政區，是中國單一制國家結構形式下的一個地方行政區域。因此，不能將特別行政區的政治體制簡單稱為"三權分立"：

一、香港特別行政區內部的行政管理權、立法權、獨立的司法權和終審權本身並非本身所固有，而是由中央授權特別行政區行使高度自治而形成的，授權者對授出的權力有依法進行監督的權力。

二、這裏不止三權，在理解香港特別行政區政治體制的時候，不能離開中央的權力，中央對香港具有全面管治權，中央除授予一些權力給香港特別行政區行使外，自己還保留着部分直接管治香港的權力。

三、"三權分立"主要是指權力的互相制約，而香港基本法在指導思想上還突出了行政與立法的互相配合。

香港特別行政區政治體制雖然不能簡單地稱為"三權分立"，但也不能以此否定香港政治體制裏權力相互制約的機制。

115 香港特別行政區政治體制的基本原則主要有哪些？

香港特別行政區政治體制的基本原則主要有：

一、地方政治體制原則；

二、行政主導原則；

三、行政與立法互相制約又互相配合原則；

四、司法獨立原則；

五、均衡參與及有利於資本主義經濟發展原則。

116 為什麼說中央人民政府對行政長官的任命是一項實質性的任命權？

這是因為行政長官對中央人民政府的負責是一種實質性的負責，如果將中央人民政府的任命理解為僅是一種形式上的任命，那麼，就會使得行政長官對中央人民政府的負責流於形式，不起任何實際作用。實質任命，是指行政長官在當地通過選舉或協商產生後，中央人民政府可以任命，也可以不任命。

117 香港哪些人士在就職時需要宣誓效忠？

根據香港基本法第 104 條規定，下列人士在就職時必須依法宣誓擁護中華人民共和國香港特別行政區基本法，效忠中華人民共和國香港特別行政區：

一、行政長官；

二、主要官員；

三、行政會議成員；

四、立法會議員；

五、各級法院法官和其他司法人員。

2020 年 6 月 30 日，全國人大常委會制定的《香港特別行政區維護國家安全法》第 6 條規定，"香港特別行政區居民在參選或者就任公職時應當依法簽署文件確認或者宣誓擁護中華人民共和國香港特別行政區基本法，效忠中華人民共和國香港特別行政區"。

118 應當怎樣理解行政長官的法律地位？

行政長官既是香港特別行政區的首長，代表香港特別行政區，也是香港特別行政區政府的首長，領導香港特別行政區政府。行政長官在香港特別行政區經選舉或協商產生後由中央人民政府任命。行政長官既對中央人民政府負責，也對香港特別行政區負責。從香港特區的整個政治體制來看，行政長官處於核心的地位。香港特別行政區政治體制可以稱為行政長官制。

119 行政長官的當選資格是什麼？

根據香港基本法第 44 條，香港特別行政區行政長官的當選資格必須是：

一、年滿 40 周歲；

二、在香港通常居住連續滿 20 年；

三、在外國無居留權；

四、香港特別行政區永久性居民；

五、中國公民。

<u>120</u> 行政長官有哪些職權？

香港基本法第 48 條規定香港特別行政區行政長官行使下列職權：

一、領導香港特別行政區政府；

二、負責執行基本法和依照基本法適用於香港特別行政區的其他法律；

三、簽署立法會通過的法案，公布法律；簽署立法會通過的財政預算案，將財政預算、決算報中央人民政府備案；

四、決定政府政策和發布行政命令；

五、提名並報請中央人民政府任命下列主要官員：各司司長、副司長，各局局長，廉政專員，審計署署長，警務處處長，入境事務處處長，海關關長；建議中央人民政府免除上述官員職務；

六、依照法定程序任免各級法院法官；

七、依照法定程序任免公職人員；

八、執行中央人民政府就基本法規定的有關事務發出的指令；

九、代表香港特別行政區政府處理中央授權的對外事務和其他事務；

十、批准向立法會提出有關財政收入或支出的動議；

十一、根據安全和重大公共利益的考慮，決定政府官員或其他負責政府公務的人員是否向立法會或其屬下的委員會作證和提供證據；

十二、赦免或減輕刑事罪犯的刑罰；

十三、處理請願、申訴事項。

香港基本法還在其他條文規定了行政長官的其他職權，如修改香港基本法及香港基本法附件一和附件二，須經過行政長官同意（第 159 條、附件一第 7 條和附件二第 3 條），以及在一定條件下，有權解散立法會（第 50 條），將立法會的法案發回重議（第 49 條），等等。

121 香港基本法關於行政長官產生辦法的規定有哪些基本內容？

根據香港基本法，香港特別行政區行政長官產生辦法的規定包括：

一、行政長官在當地通過選舉或協商產生；

二、由中央人民政府任命；

三、根據實際情況和循序漸進的原則，最終達至由一個有廣泛代表性的提名委員會按民主程序提名後普選產生的目標；

四、具體產生辦法由附件一規定。

122 香港基本法附件一包括哪些基本內容？

香港基本法附件一的基本內容包括：

一、行政長官由一個具有廣泛代表性的選舉委員會選出，由中央人民政府任命，選舉委員會共 800 人，由四大界別組成；

二、不少於 100 名的選舉委員可聯合提名行政長官候選人；

三、第一任行政長官的產生不適用附件一；

四、規定 2007 年以後各任行政長官的產生辦法可以修改，並規定了修改的程序；

2010 年 8 月 28 日，全國人大常委會批准的附件一修正案規定了 2012 年選舉第四任行政長官人選的選舉委員會的組成，共 1200 人，不少於 150 名的選舉委員可聯合提名行政長官候選人。

2021 年 3 月 30 日，全國人大常委會修訂香港基本法附件一，並由國家主席公布。原附件一及有關修正案不再施行。新修訂的香港基本法附件一的主要內容有：

第一，行政長官由一個具有廣泛代表性、符合香港特別行政區實際情況、體現社會整體利益的選舉委員會選出，由中央人民政府任命，選舉委員會共 1500 人，由五大界別組成；

第二，每一界別共 300 人，行政長官候選人須獲得不少於 188 名選舉委員會委員的提名，且上述五個界別中每個界別參與提名的委員須不少於 15 名，行政長官候任人須獲得超過 750 票才能當選；

第三，香港特別行政區候選人資格審查委員會負責審查並確認選舉委員會委員候選人和行政長官候選人的資格。對香港特別行政區候選人資格審查委員會根據香港特別行政區維護國家安全委員會的審查意見書作出的選舉委員會委員候選人和行政長官候選人資格確認的決定，不得提起訴訟。

第四，全國人民代表大會常務委員會依法行使本辦法的修改權。全國人民代表大會常務委員會作出修改前，以適當形式聽取香港社會各界意見。

123 香港回歸後行政長官選舉委員會經歷了哪些變化？

1997 年第一任行政長官由第一屆香港特別行政區政府推選委員會推舉產生，報中央人民政府任命，推選委員會共 400 人，由香港永久性居民組成，具有廣泛代表性，成員包括全國人民代表大會香港地區代表、香港地區全國政協委員的代表、香港特別行政區成立前曾在香港行政、立法、諮詢機構任職並有實際經驗的人士和各階層、界別中具有代表性的人士。比例如下：

一、工商、金融界，25％；

二、專業界，25％；

三、勞工、基層、宗教等界，25％；

四、原政界人士、香港地區全國人大代表、香港地區全國政協委員的代表，25％。

2002 年第二任行政長官由一個具有廣泛代表性的選舉委員會選出，由中央人民政府任命。選舉委員會委員共 800 人，由下列各界人士組成：

一、工商、金融界，200 人；

二、專業界，200 人；

三、勞工、社會服務、宗教等界，200 人；

四、立法會議員、區域性組織代表、香港地區全國人大代表、香港地區全國政協委員的代表，200人。

2007年第三任行政長官選舉委員會的人數及組成與2002年相同。

2012年第四任行政長官和2017年第五任行政長官按照2010年8月28日全國人大常委會批准的附件一修正案進行選舉。行政長官選舉委員會共1200人，由下列各界人士組成：

一、工商、金融界，300人；

二、專業界，300人；

三、勞工、社會服務、宗教等界，300人；

四、立法會議員、區議會議員的代表、鄉議局的代表、香港特別行政區全國人大代表、香港特別行政區全國政協委員的代表，300人。

2022年第六任行政長官按照2021年3月30日全國人大常委會通過的新附件一進行選舉。行政長官選舉委員會共1500人，由下列各界人士組成：

第一界別：工商、金融界，300人；

第二界別：專業界，300人；

第三界別：基層、勞工和宗教等界，300人；

第四界別：立法會議員、地區組織代表等界，300人；

第五界別：香港特別行政區全國人大代表、香港特別行政區全國政協委員和有關全國性團體香港成員的代表界，300人。

第一界別設18個界別分組：工業界（第一）（17席）、工業界（第二）（17席）、紡織及製衣界（17席）、商界（第一）（17 席）、商界（第二）（17 席）、商界（第三）（17 席）、金融界（17 席）、金融服務界（17 席）、保險界（17 席）、地產及建造界（17 席）、航運交通界（17 席）、進出口界（17 席）、旅遊界（17 席）、酒店界（16 席）、飲食界（16 席）、批發及零售界（17 席）、香港僱主聯合會（15 席）、中小企業界（15 席）。第二界別設 10 個界別分組：科技創新界（30 席）、工程界（30 席）、建築測量都市規劃及園境界（30 席）、會計界（30 席）、法律界（30 席）、教育界（30 席）、體育演藝文化及出版界（30 席）、醫學及衛生服務界（30 席）、中醫界（30 席）、社會福利界（30 席）。第三界別設 5 個界別分組：漁農界（60 席）、勞工界（60 席）、基層社團（60 席）、同鄉社團（60 席）、宗教界（60 席）。第四界別設 5 個界別分組：立法會議員（90 席）、鄉議局（27 席）、港九分區委員會及地區撲滅罪行委員會、地區防火委員會委員的代表（76 席）、"新界"分區委員會及地區撲滅罪行委員會、地區防火委員會委員的代表（80 席）、內地港人團體的代表（27 席）。第五界別設兩個界別分組：香港特別行政區全國人大代表和香港特別行政區全國政協委員（190 席）、有關全國性團體香港成員的代表（110 席）。

選舉委員會以下列方式產生：

一、香港特別行政區全國人大代表、香港特別行政區全國政協委員、全國人民代表大會常務委員會香港特別行政區基本法委員會香港委員、立法會議員、大學校長或者學校董事會或者校務委員會主席，以及工程界（15 席）、建築測量都市規劃及園境界（15 席）、教育界（5 席）、醫學及衛生服務界（15 席）、社會福利界（15 席）等界別分組的法定機構、諮詢組織及相關團體負責人，是相應界別分組的選舉委員會委員。除第五界別外，香港特別行政區全國人大代表和香港特別行政區全國政協委員也可以在其有密切聯繫的選舉委員會其他界別分組登記為委員。如果香港特別行政區全國人大代表或者香港特別行政區全國政協委員登記為選舉委員會其他界別分組的委員，則其計入相應界別分組的名額，該界別分組按照附件一第四款第三項規定產生的選舉委員會委員的名額相應減少。香港特別行政區全國人大代表和香港特別行政區全國政協委員登記為選舉委員會有關界別分組的委員後，在該屆選舉委員會任期內，根據上述規定確定的選舉委員會各界別分組按照附件一第四款第一、二、三項規定產生的委員的名額維持不變。

二、宗教界界別分組的選舉委員會委員由提名產生；科技創新界界別分組的部分委員（15 席）在中國科學院、中國工程院香港院士中提名產生；會計界界別分組的部分委員（15 席）在國家財政部聘任的香港會計諮詢專家中提名產生；法律界界別分組的部分委員（9 席）在中國法學會香港理事中提名產生；體育演藝文化及出版界界別分組的部分委員（15 席）由中國香港體育協會暨奧林匹克委員會、中國文學藝術界聯合會香港會員總會和香港出版總會分別提名產生；中醫界界別分組的部分委員（15 席）在世界中醫藥學會聯合會香港理事中提名產生；內地港人團體的代表界別分組的委員（27 席）由各內地港人團體提名產生。

三、除附件一第四款第一、二項規定的選舉委員會委員外，其他委員由相應界別分組的合資格團體選民選出。各界別分組的合資格團體選民由法律規定的具有代表性的機構、組織、團體或企業構成。除香港特別行政區選舉法列明者外，有關團體和企業須獲得其所在界別分組相應資格後持續運作 3 年以上方可成為該界別分組選民。第四界別的鄉議局、港九分區委員會及地區撲滅罪行委員會委員的代表、"新界"分區委員會及地區撲滅罪行委員會、地區防火委員會委員的代表和第五界別的有關全國性團體香港成員的代表等界別分組的選舉委員會委員，可由個人選民選出。選舉委員會委員候選人須獲得其所在界別分組 5 個選民的提名。每個選民可提名不超過其所在界別分組選舉委員會委員名額的候選人。選舉委員會各界別分組選民根據提名的名單，以無記名投票選舉產生該界別分組的選舉委員會委員。

124 香港基本法第 15 條提到的"主要官員"指哪些？

香港基本法第 15 條規定："中央人民政府依照本法第四章的規定任命香港特別行政區行政長官和行政機關的主要官員。"第 48 條第（五）項規定行政長官有權"提名並報請中央人民政府任命下列主要官員：各司司長、副司長，各局局長，廉政專員，審計署署長，警務處處長，入境事務處處長，海關關長；建議中央人民政府免除上述官員職務"。第 55 條規定："香港特別行政區行政會議的成員由行政長官從行政機關的主要官員、立法會議員和社會人士中委任，其任免由行政長官決定。"第 61 條規定："香港特別行政區的主要官員由在香港通常居住連續滿 15 年並在外國無居留權的香港特別行政區永久性居民中的中國公民擔任。"第 104 條規定："香港特別行政區行政長官、主要官員、行政會議成員、立法會議員、各級法院法官和其他司法人員在就職時必須依法宣誓擁護中華人民共和國香港特別行政區基本法，效忠中華人民共和國香港特別行政區。"

從這些條文可以看出，香港基本法裏的主要官員和行政機關主要官員的內涵一致，即指各司司長、副司長、各局局長、廉政專員、審計署署長、警務處處長、入境事務處處長、海關關長。

125 行政長官在什麼情況下可以解散立法會？

根據香港基本法第 50 條規定，行政長官在兩種情況下可以解散立法會：

一、拒絕簽署立法會再次通過的法案；

二、立法會拒絕通過政府提出的財政預算案或其他重要法案，經協商仍不能取得一致意見。

然而，行政長官對立法會行使解散權是有限制的，即：

一、須徵詢行政會議的意見；

二、行政長官在其一任任期內只能解散立法會一次。

126 香港基本法規定在什麼情況下行政長官必須辭職？

根據香港基本法第 52 條規定，行政長官如有下列情況之一者必須辭職：

一、因嚴重疾病或其他原因無力履行職務；

二、因兩次拒絕簽署立法會通過的法案而解散立法會，重選的立法會仍以全體議員三分之二多數通過所爭議的原案，而行政長官仍拒絕簽署；

三、因立法會拒絕通過財政預算案或其他重要法案而解散立法會，重選的立法會繼續拒絕通過所爭議的原案。

127 香港基本法規定香港特別行政區政府有哪些職權？

香港基本法第 62 條規定香港特別行政區政府行使下列職權：

一、制定並執行政策；

二、管理各項行政事務；

三、辦理基本法規定的中央人民政府授權的對外事務；

四、編制並提出財政預算、決算；

五、擬定並提出法案、議案、附屬法規；

六、委派官員列席立法會並代表政府發言。

128 應當怎樣理解行政機關對立法機關負責的內涵？

《中英聯合聲明》附件一第一小節規定："行政機關必須遵守法律，對立法機關負責。" 香港基本法第 64 條明確規定："香港特別行政區政府必須遵守法律，對香港特別行政區立法會負責：執行立法會通過並已生效的法律；定期向立法會作施政報告；答覆立法會議員的質詢；徵稅和公共開支須經立法會批准。"

這裏值得注意的是負責方面的冒號（：），這就說明行政機關對立法會的負責內容是嚴格限定的，即冒號後的四項內容。立法會不能將這裏的負責作無限擴大理解。立法會沒有對行政機關投不信任票的權力。

129 行政會議由哪些人員組成？

香港基本法第 55 條規定行政會議的成員包括：

一、行政機關的主要官員；

二、立法會議員；

三、社會人士。

130 行政會議的性質和職責是什麼？

行政會議的性質是協助行政長官決策的機構。

行政長官在作出重要決策、向立法會提交法案、制定附屬法規和解散立法會前，須徵詢行政會議的意見，但人事任免、紀律制裁和緊急情況下採取的措施除外。

131 立法會是什麼機構？

香港特別行政區立法會是香港特別行政區的立法機關，行使立法權，根據香港基本法規定並依照法定程序制定、修改和廢除法律。

香港立法會制定的法律須報全國人大常委會備案。備案

不影響該法律的生效。全國人大常委會在徵詢其所屬的香港
基本法委員會後，如認為香港立法會制定的任何法律不符合
基本法關於中央管理的事務及中央和香港特別行政區的關係
的條款，可將有關法律發回，但不作修改。經全國人大常委
會發回的法律立即失效。該法律的失效，除香港特別行政區
的法律另有規定外，無溯及力。

立法會除行使立法權外，還行使一些重要的職權，如
審核、通過財政預算，批准稅收和公共開支，同意終審法院
法官和高等法院首席法官的任免；以及對行政長官提出彈劾
案，報請中央人民政府決定，等等。立法會自行制定議事規
則，但不得與基本法相抵觸。

香港特別行政區立法會同港英時期的立法局有着本質不
同。港英立法局是依照《英皇制誥》及《皇室訓令》設立的，
它只是港督立法的諮詢機構，而香港特別行政區立法會是名
副其實的立法機關，可依法制定、修改及廢除法律，決定特
別行政區的重要事務。

132 什麼是直通車和臨時立法會？

所謂直通車，是指中國在 1997 年 7 月 1 日對香港恢復
行使主權時，經香港特別行政區籌委會確認，港英最後一屆
立法局的議員直接過渡為中華人民共和國香港特別行政區第
一屆立法會成員。由於中英雙方後期就此問題的談判毫無成
效，英國堅持三違反的政改方案，完全破壞談判，在這種情
況下，香港特別行政區第一屆立法會無法按照直通車的安排
產生。

1996 年 3 月 24 日，香港特別行政區籌備委員會通過決議決定成立臨時立法會。臨時立法會由 60 名議員組成，其議員以在外國無居留權的香港永久性居民中的中國公民為主體，非中國籍的香港永久性居民和在外國有居留權的香港永久性居民在臨時立法會所佔比例不得超過 20％。臨時立法會工作至香港特別行政區第一屆立法會產生為止，時間不超過 1998 年 6 月 30 日。臨時立法會由負責籌組香港特別行政區第一屆政府的 400 名推選委員會委員於 1996 年 12 月 21 日選出，並於 1997 年 1 月 25 日在深圳召開首次會議。隨後繼續在深圳舉行會議，直至 1997 年 7 月 1 日香港特別行政區成立後，改為在香港舉行會議。

133 香港立法會有哪些職權？

香港基本法第 73 條規定香港特別行政區立法會行使下列職權：

一、根據基本法規定並依照法定程序制定、修改和廢除法律；

二、根據政府的提案，審核、通過財政預算；

三、批准稅收和公共開支；

四、聽取行政長官的施政報告並進行辯論；

五、對政府的工作提出質詢；

六、就任何有關公共利益問題進行辯論；

七、同意終審法院法官和高等法院首席法官的任免；

八、接受香港居民申訴並作出處理；

九、如立法會全體議員的四分之一聯合動議，指控行政長官有嚴重違法或瀆職行為而不辭職，經立法會通過進行調查，立法會可委託終審法院首席法官負責組成獨立的調查委員會，並擔任主席。調查委員會負責進行調查，並向立法會提出報告。如該調查委員會認為有足夠證據構成上述指控，立法會以全體議員三分之二多數通過，可提出彈劾案，報請中央人民政府決定；

十、在行使上述各項職權時，如有需要，可傳召有關人士出席作證和提供證據。

134 為什麼香港基本法沒有規定立法會有對政府主要官員提出彈劾的權力？

香港基本法沒有規定立法會有對政府主要官員提出彈劾的權力，主要因為：

一、政府主要官員是由行政長官提名，並由中央人民政府任命，政府主要官員對行政長官負責，而行政長官對中央人民政府和香港特別行政區負責；

二、香港基本法規定政府對立法會負責，並對負責的內容作了明確界定，而政府主要官員就是政府的組成人員，政府對立法會負責，也已包括政府主要官員在內。

135 香港基本法關於立法會產生辦法的規定有哪些基本內容？

根據香港基本法的有關規定，立法會產生辦法的基本內容有：

一、立法會由選舉產生；

二、根據實際情況和循序漸進的原則，最終達至全部議員由普選產生的目標；

三、立法會產生的具體辦法和法案、議案的表決程序由附件二規定。

136 香港基本法附件二規定了哪些內容？

香港基本法附件二《香港特別行政區立法會的產生辦法和表決程序》規定了以下幾個方面的內容：

一、立法會議員每屆 60 人，第一屆按照全國人大《關於香港特別行政區第一屆政府和立法會產生辦法的決定》；

二、規定了第二屆和第三屆立法會的組成；

三、規定分區直接選舉的選區劃分、投票辦法，各個功能界別和法定團體的劃分，議員名額的分配、選舉辦法及選舉委員會選舉議員的辦法，由香港特別行政區自行制定；

四、規定立法會對法案、議案的表決程序；

五、規定 2007 年以後立法會的產生辦法和表決程序可以修改，並規定了修改程序；

2010 年 8 月 28 日全國人大常委會予以備案的附件二修正案規定了 2012 年第五屆立法會的組成。第五屆立法會議員共 70 人。

2021 年 3 月 30 日全國人大常委會通過了新的香港基本法附件二，並由國家主席公布。新附件二規定的內容主要有：

一、香港特別行政區立法會議員每屆 90 人，由選舉委員會選舉的議員 40 人、功能團體選舉的議員 30 人、分區直接選舉的議員 20 人組成。上述選舉委員會即基本法附件一規定的選舉委員會。

二、選舉委員會選舉的議員候選人須獲得不少於 10 名、不多於 20 名選舉委員會委員的提名，且每個界別參與提名的委員不少於 2 名、不多於 4 名。任何合資格選民均可被提名為候選人。每名選舉委員會委員只可提出一名候選人。選舉委員會根據提名的名單進行無記名投票，每一選票所選的人數等於應選議員名額的有效，得票多的 40 名候選人當選。

三、功能團體選舉設以下 28 個界別：漁農界、鄉議局、工業界（第一）、工業界（第二）、紡織及製衣界、商界（第一）、商界（第二）、商界（第三）、金融界、金融服務界、保險界、地產及建造界、航運交通界、進出口界、旅遊界、飲食界、批發及零售界、科技創新界、工程界、建築測量都市規劃及園境界、會計界、法律界、教育界、體育演藝文化及出版界、醫療衛生界、社會福利界、勞工界、香港特別行政區全國人大代表香港特別行政區全國政協委員及有關全國性團體代表界。其中，勞工界選舉產生 3 名議員，其他界別各選舉產生一名議員。鄉議局、工程界、建築測量都市規劃及園境界、會計界、法律界、教育界、醫療衛生界、社會福利界、香港特別行政區全國人大代表香港特別行政區全國政協委員及有關全國性團體代表界等界別的議員，由個人選民選出。其他界別的議員由合資格團體選民選舉產生，各界別的合資格團體選民由法律規定的具有代表性的機構、組織、團體或企業構成。除香港特別行政區選舉法列明者外，有關團體和企業須獲得其所在界別相應資格後持續運作

3 年以上方可成為該界別選民。

　　候選人須獲得所在界別不少於 10 個、不多於 20 個選民和選舉委員會每個界別不少於 2 名、不多於 4 名委員的提名。每名選舉委員會委員在功能團體選舉中只可提出一名候選人。各界別選民根據提名的名單，以無記名投票選舉產生該界別立法會議員。

　　四、分區直接選舉設立 10 個選區，每個選區選舉產生兩名議員。候選人須獲得所在選區不少於 100 個、不多於 200 個選民和選舉委員會每個界別不少於 2 名、不多於 4 名委員的提名。每名選舉委員會委員在分區直接選舉中只可提出一名候選人。選民根據提名的名單以無記名投票選擇一名候選人，得票多的兩名候選人當選。

　　五、香港特別行政區候選人資格審查委員會負責審查並確認立法會議員候選人的資格。對香港特別行政區候選人資格審查委員會根據香港特別行政區維護國家安全委員會的審查意見書作出的立法會議員候選人資格確認的決定，不得提起訴訟。

　　六、除基本法另有規定外，香港特別行政區立法會對法案和議案的表決採取下列程序：政府提出的法案，如獲得出席會議的全體議員的過半數票，即為通過。立法會議員個人提出的議案、法案和對政府法案的修正案均須分別經選舉委員會選舉產生的議員和功能團體選舉、分區直接選舉產生的議員兩部分出席會議議員各過半數通過。

　　七、全國人民代表大會常務委員會依法行使本辦法和法案、議案的表決程序的修改權。全國人民代表大會常務委員會作出修改前，以適當形式聽取香港社會各界意見。原附件二及有關修正案不再施行。

137 香港回歸後，立法會組成結構有哪些變化？

由於英國在過渡期內採取與中方不合作的態度，破壞了直通車的安排，中國政府決定成立臨時立法會，由香港特別行政區第一屆政府推選委員會提名並選舉產生。臨時立法會共 60 人，在香港特別行政區第一任行政長官產生之後組成並開始工作。臨時立法會工作到香港特別行政區第一屆立法會產生為止。

第一屆立法會由 60 人組成，其中：

分區直接選舉的議員 20 人，選舉委員會選舉的議員 10 人，功能團體選舉的議員 30 人。

第二屆立法會由 60 人組成，其中：

分區直接選舉的議員 24 人，選舉委員會選舉的議員 6 人，功能團體選舉的議員 30 人。

第三屆立法會共 60 人，其中：

功能團體選舉的議員 30 人，分區直接選舉的議員 30 人，第四屆立法會組成結構與第三屆同。

第五屆立法會共 70 位議員，其中：

功能團體選舉的議員 35 人，分區直接選舉的議員 35 人。

第六屆立法會組成結構與第五屆同。

2021 年第七屆立法會共 90 位議員，其中：選舉委員會選舉的議員 40 人，功能團體選舉的議員 30 人，分區直接選舉的議員 20 人。

138 香港立法會議員應具備什麼條件？

香港基本法第 67 條規定："香港特別行政區立法會由在外國無居留權的香港特別行政區永久性居民中的中國公民組成。但非中國籍的香港特別行政區永久性居民和在外國有居留權的香港特別行政區永久性居民也可以當選為香港特別行政區立法會議員，其所佔比例不得超過立法會全體議員的百分之二十。"這就說明，議員的資格條件必須是在外國無居留權的香港永久性居民中的中國公民，但非中國籍的香港永久性居民或者在外國有居留權的香港永久性居民也可以當選為立法會議員，比例不能超過全體議員的 20％。

139 香港立法會主席有哪些職權？

根據香港基本法第 72 條，香港特別行政區立法會主席行使下列職權：

一、主持會議；

二、決定議程，政府提出的議案須優先列入議程；

三、決定開會時間；

四、在休會期間可召開特別會議；

五、應行政長官的要求召開緊急會議；

六、立法會議事規則所規定的其他職權。

140 香港基本法規定立法會議員有哪些權利？

香港基本法規定立法會議員享有以下權利：

一、提案權。立法會議員根據基本法規定並依照法定程序提出法律草案，凡不涉及公共開支或政治體制或政府運作者，可由立法會議員個別或聯名提出；凡涉及政府政策者，在提出前必須得到行政長官的書面同意（第 74 條）。

二、參加辯論和表決權。立法會議員在立法會的會議上發言，不受法律追究（第 77 條）。

三、質詢權。立法會議員有權對政府的工作提出質詢（第 73 條第五項及第 64 條）。

四、人身豁免權。立法會議員在出席會議時和赴會途中不受逮捕（第 78 條）。

141 香港立法會議員在哪些情況下喪失議員資格？

根據香港基本法第 79 條，香港立法會議員如有下列情況之一，由立法會主席宣告其喪失立法會議員的資格：

一、因嚴重疾病或其他情況無力履行職務；

二、未得到立法會主席的同意，連續 3 個月不出席會議而無合理解釋者；

三、喪失或放棄香港特別行政區永久性居民的身份；

四、接受政府的委任而出任公務人員；

五、破產或經法庭裁定償還債務而不履行；

六、在香港特別行政區區內或區外被判犯有刑事罪行，判處監禁一個月以上，並經立法會出席會議的議員三分之二通過解除其職務；

七、行為不檢或違反誓言而經立法會出席會議的議員三分之二通過譴責。

2020 年 11 月 11 日全國人大常委會通過《關於香港特別行政區立法會議員資格問題的決定》，規定：

一、香港特別行政區立法會議員，因宣揚或者支持"港獨"主張、拒絕承認國家對香港擁有並行使主權、尋求外國或者境外勢力干預香港特別行政區事務，或者具有其他危害國家安全等行為，不符合擁護中華人民共和國香港特別行政區基本法、效忠中華人民共和國香港特別行政區的法定要求和條件，一經依法認定，即時喪失立法會議員的資格。

二、本決定適用於在原定於 2020 年 9 月 6 日舉行的香港特別行政區第七屆立法會選舉提名期間，因上述情形被香港特別行政區依法裁定提名無效的第六屆立法會議員。今後參選或者出任立法會議員的，如遇有上述情形，均適用本決定。

三、依據上述規定喪失立法會議員資格的，由香港特別行政區政府宣布。

142 香港基本法是怎樣規定立法會表決制度的？

根據香港基本法的有關規定，香港立法會表決、通過法案和議案時因不同情況而有差異：

一、出席會議的全體議員過半數。政府提出的法案，如獲得出席會議的全體議員的過半數票，即為通過（附件二第 7 條）；

二、分組點票。立法會議員個人提出的議案、法案和對政府法案的修正案均須分別經功能團體選舉產生的議員和分區直接選舉、選舉委員會選舉產生的議員兩部分出席會議議員各過半數通過（附件二第 7 條）；

三、全體議員三分之二多數，如立法會以不少於全體議員三分之二多數再次通過行政長官發回重議的法案（第 49 條）；重選的立法會仍以全體議員三分之二多數通過所爭議的原案（第 52 條）；立法會以全體議員三分之二多數通過對行政長官的彈劾案（第 73 條）；以及在修改基本法附件一和附件二的方面（第 159 條，附件一第 10 條和附件二第 8 條）；

四、出席會議的議員三分之二。議員在香港特別行政區區內或區外被判犯有刑事罪行，判處監禁一個月以上，並經立法會出席會議的議員三分之二通過解除其職務；或者行為不檢或違反誓言而經立法會出席會議的議員三分之二通過譴責，由立法會主席宣布喪失資格（第 79 條）。

143 香港回歸後，全國人大常委會對行政長官和立法會產生辦法作出哪些解釋和決定？

香港基本法原附件一第 7 條規定："2007 年以後各任行政長官的產生辦法如需修改，須經立法會全體議員三分之二多數通過，行政長官同意，並報全國人民代表大會常務委員會批准。"原附件二第 3 條規定："2007 年以後香港特別行政區立法會的產生辦法和法案、議案的表決程序，如需對本附件的規定進行修改，須經立法會全體議員三分之二多數通過，行政長官同意，並報全國人民代表大會常務委員會備案。"有關附件一和附件二是否修改及如何修改，通常被稱為政制發展問題。

2004 年 4 月 6 日，全國人大常委會對香港基本法附件一第 7 條和附件二第 3 條作出解釋。根據該解釋，香港基本法附件一和附件二修改應當遵循以下五個步驟：（1）由行政長官向全國人大常委會提出報告，提請全國人大常委會決定產生辦法是否需要進行修改；（2）全國人大常委會確定是否可就產生辦法進行修改；（3）如全國人大常委會決定可就產生辦法進行修改，則特區政府向立法會提出修改產生辦法的議案，並經全體立法會議員三分之二多數通過；（4）行政長官同意經立法會通過的議案；（5）行政長官將有關議案報全國人大常委會，由全國人大常委會批准或備案。

香港回歸後，全國人大常委會對香港特別行政區行政長官和立法會產生辦法問題作出的決定有：

一、2004 年 4 月 26 日第十屆全國人大常委會第九次會議通過《關於香港特別行政區 2007 年行政長官和 2008 年立法會產生辦法有關問題的決定》；

二、2007 年 12 月 29 日第十屆全國人大常委會第三十一次會議通過《關於香港特別行政區 2012 年行政長官和立法會產生辦法及有關普選問題的決定》；

三、2014 年 8 月 31 日第十二屆全國人大常委會第十次會議通過《關於香港特別行政區行政長官普選問題和 2016 年立法會產生辦法的決定》。

2021 年 3 月 30 日全國人大常委會根據全國人大決定通過了新的香港基本法附件一和附件二，並由國家主席公布。新附件一和附件二規定全國人大常委會依法行使附件一和附件二的修改權。全國人大常委會作出修改前，以適當形式聽取香港社會各界意見。原附件一和原附件二及有關修正案不再施行。

144 2021 年 3 月 11 日全國人大通過的《關於完善香港特別行政區選舉制度的決定》包括哪些主要內容？

該決定的主要內容包括：

1. 完善香港特別行政區選舉制度，必須全面準確貫徹落實"一國兩制"、"港人治港"、高度自治的方針，維護《中華人民共和國憲法》和《中華人民共和國香港特別行政區基本法》確定的香港特別行政區憲制秩序，確保以愛國者為主體的"港人治港"，切實提高香港特別行政區治理效能，保障香港特別行政區永久性居民的選舉權和被選舉權。

2. 香港特別行政區設立一個具有廣泛代表性、符合香港特別行政區實際情況、體現社會整體利益的選舉委員會。選舉委員會負責選舉行政長官候任人、立法會部分議員，以及提名行政長官候選人、立法會議員候選人等事宜。選舉委員會由工商、金融界，專業界，基層、勞工和宗教等界，立法會議員、地區組織代表等界，香港特別行政區全國人大代表、香港特別行政區全國政協委員和有關全國性團體香港成員的代表界等五個界別共 1500 名委員組成。

3. 香港特別行政區行政長官由選舉委員會選出，由中央人民政府任命。行政長官候選人須獲得選舉委員會不少於 188 名委員聯合提名，且上述五個界別中每個界別參與提名的委員不少於 15 名。選舉委員會以一人一票無記名投票選出行政長官候任人，行政長官候任人須獲得選舉委員會全體委員過半數支持。

4. 香港特別行政區立法會議員每屆 90 人。通過選舉委員會選舉、功能團體選舉、分區直接選舉三種方式分別選舉產生。

5. 設立香港特別行政區候選人資格審查委員會,負責審查並確認選舉委員會委員候選人、行政長官候選人和立法會議員候選人的資格。香港特別行政區應當健全和完善有關資格審查制度機制,確保候選人資格符合《中華人民共和國香港特別行政區基本法》、《中華人民共和國香港特別行政區維護國家安全法》、全國人民代表大會常務委員會關於《中華人民共和國香港特別行政區基本法》第 104 條的解釋和關於香港特別行政區立法會議員資格問題的決定以及香港特別行政區本地有關法律的規定。

6. 授權全國人民代表大會常務委員會根據本決定修改《中華人民共和國香港特別行政區基本法》附件一《香港特別行政區行政長官的產生辦法》和附件二《香港特別行政區立法會的產生辦法和表決程序》。

7. 香港特別行政區應當依照本決定和全國人民代表大會常務委員會修改後的《中華人民共和國香港特別行政區基本法》附件一《香港特別行政區行政長官的產生辦法》和附件二《香港特別行政區立法會的產生辦法和表決程序》,修改香港特別行政區本地有關法律,依法組織、規管相關選舉活動。

8. 香港特別行政區行政長官應當就香港特別行政區選舉制度安排和選舉組織等有關重要情況,及時向中央人民政府提交報告。

145 為什麼香港基本法第 2 條和第 19 條在司法權前加上"獨立"二字？並將終審權和司法權並列？

香港基本法第 2 條規定："全國人民代表大會授權香港特別行政區依照本法的規定實行高度自治，享有行政管理權、立法權、獨立的司法權和終審權。"第 19 條規定："香港特別行政區享有獨立的司法權和終審權。"

香港基本法第 2 條在司法權前加上"獨立"二字，有兩個含義：

一、主要是指司法獨立於行政和立法，審判權不受行政、立法或其他團體和個人的干涉；

二、香港有相對獨立的法律體系和司法體制，中央依法不干預其司法權的具體運作。

終審權屬於司法權的範疇，香港基本法將司法權和終審權並列，並不是說終審權是司法權之外的另外一種權力，而是突出終審權，以表示香港特別行政區在這方面的特點。

146 香港駐軍法對香港駐軍人員在香港違反法律是怎樣規定司法管轄權的？

香港駐軍法對香港駐軍人員的司法管轄權作出了如下規定：

一、香港駐軍人員犯罪的案件應由軍事司法機關管轄。

二、香港駐軍人員非執行職務的行為，侵犯香港居民和香港駐軍人員以外的其他人的人身權、財產權、以及其他違反香港特別行政區法律構成犯罪的案件，由香港特別行政區法院以及有關的執法機關管轄。

三、軍事司法機關和香港特別行政區法院以及有關的執法機關對各自管轄的香港駐軍人員犯罪的案件，如果認為由對方管轄更為適宜，經雙方協商一致後，可以移交對方管轄。

四、香港特別行政區執法人員依法拘捕的涉嫌犯罪的人員，查明是香港駐軍人員的，應當移交香港駐軍羈押。香港駐軍人員被香港特別行政區法院判處剝奪或者限制人身自由的刑罰的，依照香港特別行政區的法律規定送交執行。

五、香港駐軍人員違反香港特別行政區法律，侵害香港居民、香港駐軍人員以外的其他人的民事權利的，當事人可以通過協商、調解解決；不願協商、調解或者協商、調解不成的，被侵權人可以向法院提起訴訟。

六、香港駐軍人員非執行職務的行為引起的民事侵權案件，由香港特別行政區法院管轄；執行職務的行為引起的民事侵權案件，由中華人民共和國最高人民法院管轄，侵權行為的損害賠償適用香港特別行政區法律。

七、軍事司法機關可以與香港特別行政區法院和有關的執行機關通過協商進行司法方面的聯繫和提供相互協助。

147 香港特別行政區的法院是如何設置的？

香港基本法第 81 條規定："香港特別行政區設立終審法院、高等法院、區域法院、裁判署法庭和其他專門法庭。高等法院設上訴法庭和原訟法庭。原在香港實行的司法體制，

除因設立香港特別行政區終審法院而產生變化外,予以保留。"香港回歸前的司法體制予以保留,但有兩處明顯改變:

一、設立了終審法院;

二、原有法院的名稱作了改變。其中原來香港的最高法院改名為高等法院、地方法院改名為區域法院,裁判司署改名為裁判署法庭等。

148 為什麼終審法院稱為終審法院,而不是最高法院?

這是因為根據中國憲法理論,在單一制國家,只有一個最高法院。中國憲法第 132 條第一款規定:"最高人民法院是最高審判機關。"因此,中國的最高法院是設在北京的最高人民法院。香港終審法院在香港受理對香港各級法院的最後一級上訴,享有終審權,但它在全國範圍內,仍然屬於地方性法院的範疇,不能稱為最高法院。

149 終審法院的首席法官在什麼情況下予以免職?

終審法院的首席法官只有在無力履行職責或行為不檢的情況下,行政長官才可任命不少於 5 名當地法官組成的審議庭進行審議,並可根據其建議,依照基本法規定的程序,予以免職。香港特別行政區終審法院的法官和高等法院首席法官的任命或免職,還須由行政長官徵得立法會同意,並報全國人大常委會備案。這裏自然包括終審法院的首席法官在內。

150 香港特別行政區法院的法官由誰任命？香港基本法對法官的任用有哪些原則性規定？

行政長官。香港基本法對此作了明確規定：

一、香港特別行政區法院的法官，根據當地法官和法律界及其他方面知名人士組成的獨立委員會推薦，由行政長官任命（第 88 條）；

二、行政長官依照法定程序任免各級法院法官（第 48 條第六項）；

三、香港特別行政區終審法院的法官和高等法院首席法官的任命或免職，還須由行政長官徵得立法會同意，並報全國人民代表大會常務委員會備案（第 90 條第二款）。

香港基本法對法官的任用還作了以下幾點原則性規定：

一、香港特別行政區的法官和其他司法人員，應根據其本人的司法和專業才能選用（第 92 條）；

二、香港特別行政區的法官和其他司法人員，並可從其他普通法適用地區聘用（第 92 條）；

三、香港特別行政區成立前在香港任職的法官和其他司法人員均可留用，其年資予以保留，薪金、津貼、福利待遇和服務條件不低於原來的標準（第 93 條第一款）。

151 區域組織的性質和職能是什麼？

香港基本法第 97 條規定香港特別行政區可設立非政權性的區域組織，主要有兩方面的內容，一是可以設立區域組織，二是區域組織的性質是非政權性的。區域組織的職能有：一、接受政府有關地區管理和其他事務的諮詢，二、負責提供文化、康樂、環境衛生等服務。

152 什麼是區議會？

香港區議會是香港非政權性的區域組織，就市民日常生活事務向政府提供意見。現在香港有 18 個區議會。香港區議會的職能主要就以下項目向政府提供意見：

一、影響地區人士的福利的事宜；

二、區內公共設施及服務的提供和使用；

三、政府為各區制定的計劃是否足夠及施行的先後次序；

四、各區就地區公共工程和社區活動獲得的撥款的運用；以及在就有關目的獲得撥款的情況下，承擔：

（一）區內的環境改善事務；

（二）促進區內文娛康樂活動的工作；

（三）區內的社區活動。

第五章

經濟

153 高度自治原則在香港特別行政區的經濟制度和經濟政策方面是怎樣體現的？

高度自治原則在香港特別行政區的經濟制度和經濟政策方面主要體現在：

一、香港特別行政區保持財政獨立（第 106 條第一款）和實行獨立的稅收制度，並參照原在香港實行的低稅政策，自行立法規定稅種、稅率、稅收寬免和其他稅務事項（第 108 條）。

二、香港特別行政區政府有權制定貨幣金融政策，保障金融企業和金融市場的經營自由，並依法進行管理和監督（第 110 條）。香港特別行政區有自己的法定貨幣港元，港幣的發行權屬於香港特別行政區政府（第 111 條）。香港的外匯基金由香港特別行政區政府管理和支配（第 113 條）。

三、香港特別行政區為單獨關稅地區，香港特別行政區可以"中國香港"的名義參加《關稅和貿易總協定》，關於國際紡織品貿易安排等有關國際組織和國際貿易協定，包括優惠貿易安排（第 116 條）。香港特別行政區根據當時的產地規則，可對產品簽發產地來源證（第 117 條）。

四、香港特別行政區保持原在香港實行的航運經營和管理體制，包括有關海員的管理制度，自行規定在航運方面的具體職能和責任（第 124 條），香港特別行政區自行負責民用航空的日常業務和技術管理，包括機場管理，提供空中交通服務等（第 130 條）。

<u>154</u> 什麼是自由港？

自由港是指商品可以免徵關稅自由進出的港口、海港城市或海港地區。自由港有兩種類型：一種是把港口及港口所在的城市都劃為自由港；一種是把港口及港口城市的一部分劃為自由港。

香港屬於第一種類型，自由港的範圍覆蓋香港全境。英國佔領香港後，於 1842 年宣布香港為自由港，對到此轉口的各地貨物實行免徵關稅進出自由的政策。香港基本法第 114 條規定：香港特別行政區保持自由港地位，除法律另有規定外，不徵收關稅。

<u>155</u> 香港基本法怎樣規定香港是自由港的？

自由港政策包括貿易自由和匯兌自由。繼香港基本法第 114 條外，香港基本法還在第 115 和 112 條作了進一步規定：

一、香港基本法第 115 條規定："香港特別行政區實行自由貿易政策，保障貨物、無形財產和資本的流動自由。"這就明確規定了貿易自由政策。

二、香港基本法第 112 條規定："香港特別行政區不實行外匯管制政策。港幣自由兌換。繼續開放外匯、黃金、證券、期貨等市場。香港特別行政區政府保障資金的流動和進出自由。"這就明確規定了匯兌自由政策。

156 香港基本法是怎樣規定香港的稅收政策的？

香港基本法第 108 條規定："香港特別行政區將實行獨立的稅收制度。香港特別行政區參照原在香港實行的低稅政策，自行立法規定稅種、稅率、稅收寬免和其他稅務事項。"

香港基本法第 106 條規定："香港特別行政區保持財政獨立。香港特別行政區的財政收入全部用於自身需要，不上繳中央人民政府。中央人民政府不在香港特別行政區徵稅。"

157 香港特別行政區的理財原則是什麼？

香港基本法第 107 條規定："香港特別行政區的財政預算以量入為出為原則，力求收支平衡，避免赤字，並與本地生產總值增長率相適應。"

香港特別行政區政府奉行上述原則，有利於繼續實行低稅制，保持香港的國際競爭力，維持香港經濟的長期繁榮。

158 什麼是外匯和外匯管制？

所謂外匯，通常是指一國擁有的一切以外幣表示的資產，包括外國貨幣、外幣存款、外幣有價證券（政府公債、國庫券、公司債券、股票等）、外幣支付憑證（票據、銀行存款憑證、郵政儲蓄憑證等）。外匯管制，是指一國政府為平衡國際收支和維持本國貨幣匯率而對外匯進出實行的限制性措施。

香港自 1973 年開始解除外匯管制以後，逐漸形成了自由外匯市場。香港基本法第 112 條規定：香港特別行政區不實行外匯管制政策。港幣自由兌換。繼續開放外匯、黃金、證券、期貨等市場。香港特別行政區政府保障資金的流動和進出自由。這就是說，港幣自由兌換外幣、外幣互相自由兌換、資金以及利潤自由進出。

159 香港基本法是怎樣規定貨幣發行制度的？

香港基本法第 111 條對港幣的發行作了明確規定，其內容包括：

一、港幣的發行權屬於香港特別行政區政府；

二、港幣的發行須有百分之百的準備金；

三、港幣的發行制度和準備金制度，由法律規定；

四、香港特別行政區政府，在確知港幣的發行基礎健全和發行安排符合保持港幣穩定的目的的條件下，可授權指定銀行根據法定權限發行或繼續發行港幣。

160 香港哪幾家銀行可以發行港幣？

香港長期以來，其發鈔職能由商業銀行承擔，港幣由滙豐銀行和渣打銀行發行（1911 年有利銀行亦獲發鈔權，但已於 1978 年 1 月撤銷）。1994 年 5 月 1 日，香港中國銀行參加發行港幣。至此，香港的發鈔銀行即為滙豐銀行、渣打銀行、中國銀行 3 家。

161 什麼是聯繫匯率制度？

香港的聯繫匯率制度是實行港元與美元掛鈎的一種匯率制度，於 1983 年 10 月 17 日開始實施。聯繫匯率的價格固定為 7.8 港元等於 1 美元。

162 什麼是香港基本法第 115 條所指的"無形財產"？

香港基本法第 115 條規定："香港特別行政區實行自由貿易政策，保障貨物、無形財產和資本的流動自由。"這裏的無形財產，是指不具有實際形體而能帶來權益的財產，主要是指知識產權。

163 應當怎樣理解香港基本法第 122 條的規定？

香港基本法第 122 條規定："原舊批約地段、鄉村屋地、丁屋地和類似的農村土地，如該土地在 1984 年 6 月 30 日的承租人，或在該日以後批出的丁屋地承租人，其父系為 1898 年在香港的原有鄉村居民，只要該土地的承租人仍為該人或其合法父系繼承人，原定租金維持不變。"

本條的規定，必須符合兩個條件才能適用：

一、此類土地必須是位於新界的原舊批約地段，鄉村屋地、丁屋地和類似的農村土地；

二、土地的承租人必須是新界原居民和原居民的合法父系繼承人，而要決定此點則必須追溯到 1984 年 6 月 30 日承租人或在該日以後批出的丁屋地承租人，而這些承租人的父親祖先必須為 1898 年新界原有鄉村居民。

<u>164</u> 什麼是香港基本法第 122 條所指的"丁屋地"？

香港回歸前，港英政府承認凡滿 18 歲的"新界"原居民中的男丁有在土地上興建房屋的權利，此即所謂"丁屋地"。位於"新界"地區的原舊批約地段，鄉村屋地、丁屋地和類似農村土地，屬於"新界"原居民的傳統土地。對於這些土地上的租金，基本法維持不變。

<u>165</u> 香港基本法為什麼規定外國國家航空器進入香港必須經中央人民政府特別許可？

《國際民用航空公約》將航空器分為"民用航空器"和"國家航空器"。國家航空器是指用於軍事、海關和警察部門的航空器。民用航空器是指除用於執行軍事、海關和警察任務以外的航空器。《國際民用航空公約》規定："一締約國的國家航空器，未經特別協定或其他方式的許可並遵照其中的規定，不得在另一締約國領土上空飛行或在此領土上降落。"由於外國國家航空器的進入，涉及到香港特別行政區的防務，因此，香港基本法第 129 條規定必須經中央人民政府特別許可。

166 什麼是 CEPA？

CEPA，是《內地與香港關於建立更緊密經貿關係的安排》的英文簡稱。

2003 年 6 月 29 日，中華人民共和國商務部與香港特別行政區財政司共同簽署了《內地與香港關於建立更緊密經貿關係的安排》。《安排》第 1 條就指出通過採取以下措施，加強內地與香港持別行政區之間的貿易和投資合作，促進雙方的共同發展：（1）逐步減少或取消雙方之間實質上所有貨物貿易的關稅和非關稅壁壘；（2）逐步實現服務貿易的自由化，減少或取消雙方之間實質上所有歧視性措施；（3）促進貿易投資便利化。2004 年 10 月 27 日，雙方共同主持召開《內地與香港關於建立更緊密經貿關係的安排》聯合指導委員會高層會議，並分別代表中央政府和香港特別行政區政府簽署了《〈內地與香港關於建立更緊密經貿關係的安排〉補充協議》。其後又陸續簽訂了多份補充協議。

CEPA 是 "一國兩制" 原則的成功實踐，是內地與香港進行制度性合作的新路徑，是內地與香港進行經貿交流與合作的重要里程碑。

167 什麼是自由行？

自由行，是指不跟隨旅行團的旅遊方式，也稱 "個人遊"，其旅遊日程、線路等由旅遊者自行選定。港澳自由行，也稱 "港澳個人遊"，通稱 "自由行"，是指准許內地居民以個人遊的方式前往香港和澳門。2003 年 7 月 28 日，第一期港澳個人遊對廣東省 4 個指定城市的居民率先開始實施。其後，又經過多次開放措施。

現在有以下城市屬於開放港澳自由行：東莞、佛山、中山、江門（2003 年 7 月 28 日開放）、廣州、深圳、珠海、惠州（2003 年 8 月 20 日開放）、上海、北京（2003 年 9 月 1 日開放）、汕頭、潮州、梅州、肇慶、清遠、雲浮（2004 年 1 月 1 日開放）、汕尾、茂名、湛江、陽江、韶關、揭陽、河源（2004 年 5 月 1 日開放，至此廣東全省開通）、南京、蘇州、無錫、杭州、寧波、台州、福州（限市區）、廈門、泉州（2004 年 7 月 1 日開放）、天津、重慶（限 15 個區縣，2005 年 3 月 1 日開放）、成都、濟南、大連、瀋陽（2005 年 11 月 1 日開放）、南昌、長沙、南寧、海口、貴陽、昆明（2006 年 5 月 1 日開放）、石家莊、鄭州、長春、合肥、武漢（2007 年 1 月 1 日開放）。

168 什麼是粵港澳大灣區？香港在粵港澳大灣區裏發揮什麼功能？

粵港澳大灣區（Guangdong-Hong Kong-Macao Greater Bay Area，縮寫 GBA），是指由香港及澳門特別行政區，聯同廣州、深圳、佛山、東莞、惠州、中山、珠海、江門及肇慶 9 個廣東省城市組成的城市群，面積約 5.6 萬平方公里，截至 2018 年人口達 7000 萬，是中國人均 GDP 最高、經濟實力最強的地區之一。

2017 年 7 月，在國家主席習近平的見證下，國家發展和改革委員會主任何立峰、廣東省省長馬興瑞，香港特別行政區行政長官林鄭月娥、澳門特別行政區行政長官崔世安共同簽署了《深化粵港澳合作推進大灣區建設框架協議》。《大灣區建設框架協議》確立了 7 個合作重點，包括 "推進基礎設施互聯互通" "進一步提升市場一體化水平" "打造國際科技創新中心" "構建協同發展現代產業體系" "共建宜居宜業宜遊的優質生活圈" "培育國際合作新優勢" 以及 "支持重大合作平台建設"。

2019 年 2 月 18 日，中共中央、國務院印發出台《粵港澳大灣區發展規劃綱要》。本規是指導粵港澳大灣區當前和今後一個時期合作發展的綱領性文件。規劃近期至 2022 年，遠期展望到 2035 年。《規劃綱要》要求以香港、澳門、廣州、深圳四大中心城市作為區域發展的核心引擎，繼續發揮比較優勢做優做強，增強對周邊區域發展的輻射帶動作用，要求香港鞏固和提升國際金融、航運、貿易中心和國際航空樞紐地位，強化全球離岸人民幣業務樞紐地位、國際資產管理中心及風險管理中心功能，推動金融、商貿、物流、專業服務等向高端高增值方向發展，大力發展創新及科技事業，培育新興產業，建設亞太區國際法律及爭議解決服務中心，打造更具競爭力的國際大都會。

建設粵港澳大灣區，既是新時代推動形成全面開放新格局的新嘗試，也是推動 "一國兩制" 事業發展的新實踐。

169 香港基本法怎樣規定有關簽訂、續簽和修改民用航空的運輸協定和協議的問題？

香港基本法第 132、133 和 134 條規定了有關簽訂、續簽和修改民用航空的運輸協定和協議的問題：

一、凡涉及中華人民共和國其他地區同其他國家和地區
的往返並經停香港特別行政區的航班，和涉及香港特別行政
區同其他國家和地區的往返並經停中華人民共和國其他地區
航班的民用航空運輸協定，由中央人民政府簽訂。中央人民
政府在簽訂上述所指民用航空運輸協定時，應考慮香港特別
行政區的特殊情況和經濟利益，並同香港特別行政區政府磋
商。中央人民政府在同外國政府商談有關上述所指航班的安
排時，香港特別行政區政府的代表可作為中華人民共和國政
府代表團的成員參加。

二、香港特別行政區政府經中央人民政府具體授權可：
（a）續簽或修改原有的民用航空運輸協定和協議；（b）談判
簽訂新的民用航空運輸協定，為在香港特別行政區註冊並以
香港為主要營業地的航空公司提供航線，以及過境和技術停
降權利；（c）同沒有簽訂民用航空運輸協定的外國或地區談
判簽訂臨時協議。不涉及往返、經停中國內地而只往返、經
停香港的定期航班，均由本條所指的民用航空運輸協定或臨
時協議予以規定。

三、中央人民政府授權香港特別行政區政府：（a）同其
他當局商談並簽訂有關執行基本法第133條所指民用航空運
輸協定和臨時協議的各項安排；（b）對在香港特別行政區註
冊並以香港為主要營業地的航空公司簽發執照；（c）依照基
本法第133條所指民用航空運輸協定和臨時協議指定航空公
司；（d）對外國航空公司除往返、經停中國內地的航班以外
的其他航班簽發許可證。

第六章

教育、科學、文化、體育、宗教、勞工和社會服務

170 香港基本法是怎樣規定教育制度的?應當怎樣理解依據香港基本法的規定發展和改進教育?

香港基本法在第 136、137 條對教育制度作了明確規定,其內容包括:

一、香港特別行政區政府在原有教育制度的基礎上,自行制定有關教育的發展和改進的政策,包括教育體制和管理、教學語言、經費分配、考試制度、學位制度和承認學歷等政策(第 136 條第一款)。

二、社會團體和私人可依法在香港特別行政區興辦各種教育事業(第 136 條第二款)。

三、各類院校均可保留其自主性並享有學術自由,可繼續從香港特別行政區以外招聘教職員和選用教材(第 137 條第一款)。

四、宗教組織所辦的學校可繼續提供宗教教育,包括開設宗教課程(第 137 條第一款)。

五、學生享有選擇院校和在香港特別行政區以外求學的自由(第 137 條第二款)。

在香港特別行政區依據基本法的規定發展和改進教育制度時,必須依據基本法的精神貫徹三個方面的原則:一、消除殖民主義教育影響原則;二、國民教育原則;三、中國文化和國際文化相結合原則。

171 應當怎樣在香港特別行政區推行中國文化教育？

在香港特別行政區推行中國文化教育，可以包括以下幾個方面的內容：

一、中國語文和中國文學教育；

二、中國歷史和中國地理教育；

三、中國傳統文化藝術和中國傳統哲學教育。

172 香港基本法是怎樣規定醫療衛生政策的？

香港基本法第 138 條對醫療衛生政策作了規定，其內容包括：

一、香港特別行政區有權自行制定醫療衛生政策；

二、發展中西醫藥和促進醫療衛生服務；

三、社會團體和私人可依法提供醫療衛生服務。

173 香港基本法關於宗教有哪些規定？

香港基本法關於宗教的規定有：

一、香港居民有宗教信仰的自由，有公開傳教和舉行、參加宗教活動的自由（第 32 條第二款）；

二、香港特別行政區政府不限制宗教信仰自由，不干預宗教組織的內部事務，不限制與香港特別行政區法律沒有抵觸的宗教活動（第 141 條第一款）；

三、宗教組織依法享有財產的取得、使用、處置、繼承以及接受資助的權利。財產方面的原有權益仍予保持和保護。宗教組織可按原有辦法繼續興辦宗教院校、其他學校、醫院和福利機構以及提供其他社會服務（第 141 條第二、三款）；

四、香港特別行政區的宗教組織和教徒可與其他地方的宗教組織和教徒保持和發展關係（第 141 條第四款）。

174 2004 年 7 月 11 日《內地與香港關於相互承認高等教育學位證書的備忘錄》有哪些基本內容？

2004 年 7 月 11 日國家教育部與香港特別行政區教育統籌局簽訂了《內地與香港關於相互承認高等教育學位證書的備忘錄》，解決了《備忘錄》所列院校的學位證書在內地和香港的相互承認問題。其基本內容包括：

一、已獲得由認可的內地高等學校頒發的學士學位者，可以申請攻讀香港高等學校的研究生學位或者進行職業學習；

二、已獲得由認可的內地高等學校頒發的碩士學位者，可以申請攻讀香港高等學校的博士學位；

三、已獲得由認可的內地高等學校頒發的學士學位者，且成績優異並順利完成高品質論文或者研究工作者，可以直接申請攻讀香港高等學校的博士學位；

四、已獲得由認可的香港高等學校頒發的學士學位者，可以申請攻讀內地高等學校的碩士學位；

五、已獲得由認可的香港高等學校頒發的碩士學位者，可以申請攻讀內地高等學校的博士學位；

　　六、已獲得由認可的香港高等學校頒發的榮譽學士學位，且成績優異者，可以直接申請攻讀內地高等學校的博士學位；

　　七、雙方將尊重兩地的高等學校按照其有關規定進行招生的自主權。

175 香港基本法從哪幾個方面規定專業制度？

　　香港基本法第 142 條從四個方面對專業制度作了規定：

　　一、香港特別行政區政府在保留原有的專業制度的基礎上，自行制定有關評審各種專業的執業資格的辦法（第 142 條第一款）；

　　二、在香港特別行政區成立前已取得專業和執業資格者，可依照有關規定和專業守則保留原有資格（第 142 條第二款）；

　　三、香港特別行政區政府繼續承認在特別行政區成立前已承認的專業和專業團體，所承認的專業團體可自行審核和頒授專業資格（第 142 條第三款）；

　　四、香港特別行政區政府可根據社會發展需要並諮詢有關方面的意見，承認新的專業和專業團體（第 142 條第四款）。

176 香港民間團體和宗教組織同內地相應的團體和組織的關係應以什麼為原則？

　　香港基本法第 148 條規定香港特別行政區的教育、科學、技術、文化、藝術、體育、專業、醫療衛生、勞工、社

會福利、社會工作等方面的民間團體和宗教組織同內地相應
的團體和組織的關係，應以以下三個方面的原則為基礎：

一、互不隸屬；

二、互不干涉；

三、互相尊重。

第七章

對外事務

177 什麼是外交事務？

外交事務是指由國家元首、政府首腦、外交部與外交代表機關等以國家名義進行的諸如訪問、談判、交涉、發出外交文件、締結條約、參加國際會議和國際組織等對外交往活動。外交是國家以和平手段對外行使主權的活動。香港特別行政區不能享有管理外交事務的權力，考慮到香港特別行政區實行高度自治和現實情況，香港基本法規定中央人民政府授權香港特別行政區依照基本法自行處理有關的對外事務。

178 外交事務和對外事務有哪些區別？

香港基本法第 13 條規定："中央人民政府負責管理與香港特別行政區有關的外交事務。中華人民共和國外交部在香港設立機構處理外交事務。中央人民政府授權香港特別行政區依照本法自行處理有關的對外事務。"

外交事務與對外事務是兩個不同的概念，其主要區別是：

一、主體不同。外交事務的主體是國家，而對外事務的主體是特別行政區，是中國主權管轄下的地方行政區域。

二、來源不同。處理外交事務是國家的主權行為，是主權國家本身所固有的權力，而處理對外事務的權力，並非特別行政區本身所固有，而是中央授權其行使的。

三、範圍不同。外交作為主權的重要組成部分，其權力本身是無限的，處理外交事務的範圍也是無限的，而處理對外事務權力，是經過授權而來的，處理對外事務的權力是有限的，其範圍也是有限的。

179 香港基本法是怎樣規定香港特別行政區對外事務的？

香港基本法對香港特別行政區的對外事務做出了全面系統的制度性安排，其內容不僅僅限於第七章，而是貫穿於整個法律，其內容包括：

一、在外交權屬於中央的前提下，香港特別行政區可依照基本法的規定處理有關對外事務（第 13 條、第 48 條第九項、第 62 條第三項）；

二、香港特別行政區有處理對外經濟事務的自治權（第五章）；

三、香港特別行政區有處理對外社會文化等方面的自治權（第 149 條）；

四、香港特別行政區處理對外事務的權力（第 150-157 條）。

這些條款，為香港特別行政區規定了一整套具體的制度、規則和做法，既有高度的原則性，又有靈活性和可操作性，準確體現了"一國兩制"方針，是中央人民政府和香港特別行政區政府處理對外事務的法律根據。

180 香港基本法是怎樣規定有關國際協議在香港特別行政區的適用問題的？

香港基本法第 153 條對有關國際協議在香港特別行政區的適用作了明確規定：

一、中華人民共和國締結的國際協議，中央人民政府可根據香港特別行政區的情況和需要，在徵詢香港特別行政區政府的意見後，決定是否適用於香港特別行政區；

二、中華人民共和國尚未參加但已適用於香港的國際協議仍可繼續適用；

三、中央人民政府根據需要授權或協助香港特別行政區政府作出適當安排，使其他有關國際協議適用於香港特別行政區。

另外，香港基本法第 39 條規定：《公民權利和政治權利國際公約》、《經濟、社會與文化權利的國際公約》和國際勞工公約適用於香港的有關規定繼續有效，通過香港特別行政區的法律予以實施。香港居民享有的權利和自由，除依法規定外不得限制，此種限制不得與第 39 條第一款規定抵觸。

181 香港基本法是怎樣規定外國政府在香港設立領事館的？

香港基本法第 157 條規定，外國在香港特別行政區設立領事機構或其他官方、半官方機構，須經中央人民政府批准，並規定：

一、已同中華人民共和國建立正式外交關係的國家在香港設立的領事機構和其他官方機構，可予保留；

二、尚未同中華人民共和國建立正式外交關係的國家，在香港設立的領事機構和其他官方機構，可根據情況允許保留或改為半官方機構；

三、尚未為中華人民共和國承認的國家，只能在香港特別行政區設立民間機構。

182　香港基本法是怎樣規定香港特別行政區參加國際組織和國際會議的？

對香港參加國際組織和國際會議問題，香港基本法第152條作出了詳細的規定：

一、對以國家為單位參加的、同香港特別行政區有關的、適當領域的國際組織和國際會議，香港特別行政區政府可派遣代表作為中國代表團的成員或以中央人民政府和上述有關國際組織或國際會議允許的身份參加，並以"中國香港"的名義發表意見。

二、香港特別行政區可以"中國香港"的名義參加不以國家為單位參加的國際組織和國際會議。

三、對中國已參加而香港也以某種形式參加的國際組織，中央人民政府將採取必要措施使香港特別行政區以適當形式繼續保持在這些組織中的地位。

四、對中國尚未參加而香港已以某種形式參加的國際組織，中央人民政府將根據需要使香港特別行政區以適當形式繼續參加這些組織。

183　香港特別行政區政府的代表在什麼情況下可參加外交談判？

香港基本法第150條規定，中國政府進行的同香港特別行政區直接有關的外交談判，香港特別行政區政府的代表可作為中國政府代表團的成員參加。香港特別行政區政府代表參加外交談判的條件是：

一、由中央人民政府進行；

二、同香港特別行政區直接有關的問題；

三、作為中國政府代表團的成員。

第八章
基本法的解釋和修改

184 香港基本法為什麼規定解釋權屬於全國人大常委會？

這是因為根據中國憲法，全國人大常委會負責解釋憲法和法律。香港基本法屬於全國人大制定的基本法律，其解釋權當然屬於全國人大常委會。

香港基本法第 158 條規定，基本法的解釋權屬於全國人大常委會。全國人大常委會授權香港特別行政區法院在審理案件時對基本法關於香港特別行政區自治範圍內的條款自行解釋，香港特別行政區法院在審理案件時對基本法的其他條款也可解釋。但如香港特別行政區法院在審理案件時需要對基本法關於中央人民政府管理的事務或中央和香港特別行政區關係的條款進行解釋，而該條款的解釋又影響到案件的判決，在對該案件作出不可上訴的終局判決前，應由終審法院請全國人大常委會作出解釋。全國人大常委會在對基本法進行解釋前，徵詢其所屬的香港特別行政區基本法委員會的意見。

185 香港回歸後，全國人大常委會對香港基本法的哪些條款作出過解釋？

香港回歸以後，全國人大常委會曾先後五次對香港基本法作出解釋：

一、1999 年 6 月 26 日，第九屆全國人大常委會第十次會議對香港基本法第 22 條第四款和第 24 條第二款第（三）項作出解釋；

二、2004 年 4 月 6 日，第十屆全國人大常委會第八次會議對香港基本法附件一第 7 條和附件二第 3 條作出解釋；

三、2005 年 4 月 27 日，第十屆全國人大常委會第十五次會議對香港基本法第 53 條第二款作出解釋；

四、2011 年 8 月 26 日，第十一屆全國人大常委會第二十二次會議對香港基本法第 13 條第一款和第 19 條作出解釋；

五、2016 年 11 月 7 日，第十二屆全國人大常委會第二十四次會議對香港基本法第 104 條作出解釋。

186 1999 年 6 月 26 日全國人大常委會對香港基本法第 22 條第四款和第 24 條第二款第（三）項作出解釋的主要內容是什麼？

香港基本法第 24 條第二款規定了成為香港特別行政區永久性居民的若干條件，其中第（一）、（二）和（三）項規定香港特別行政區永久性居民為：

（一）在香港特別行政區成立以前或以後在香港出生的中國公民；

（二）在香港特別行政區成立以前或以後在香港通常居住連續 7 年以上的中國公民；

（三）第（一）、（二）兩項所列居民在香港以外所生的中國籍子女。

另外，香港基本法第 22 條第四款規定："中國其他地區的人進入香港特別行政區須辦理批准手續，其中進入香港特別行政區定居的人數由中央人民政府主管部門徵求香港特別行政區政府的意見後確定。"

香港特別行政區終審法院在 1999 年 1 月 29 日判決，指出香港永久性居民在內地所生的中國籍子女，都可享有居留權，而這些子女毋須經內地有關機關批准，即可進入香港特區定居。香港特別行政區政府認為，香港終審法院的判決是不合適的，因為根據香港基本法的規定，涉及內地居民進入香港的管理辦法和中央與香港特別行政區的關係，這些內容涉及到基本法第 158 條所指的對中央人民政府管理的事務或中央和香港特別行政區關係的條款進行解釋的問題，應由終審法院請全國人大委員會作出解釋，而終審法院沒有提請。

行政長官董建華先生向國務院提出報告，要求國務院向全國人大常委會提出解釋基本法的議案。1999 年 6 月 26 日，全國人大常委會對香港基本法第 22 條第四款和第 24 條第二款第（三）項作出解釋，指出香港基本法有關條文應當解釋為只有出生時父或母已成為香港永久性居民的港人在內地所生的中國籍子女才享有香港的居留權，他們同時需要在內地申請辦理進入香港特別行政區的批准手續，進入香港特別行政區，如未按國家有關法律、行政法規的規定辦理相應的批准手續，是不合法的。

全國人大常委的解釋同時指出，本解釋不影響香港特別行政區終審法院 1999 年 1 月 29 日對有關案件判決的有關訴訟當事人所獲得的香港特別行政區居留權。此外，其他任何人是否符合香港基本法第 24 條第二款第（三）項規定的條件，均須以本解釋為準。

187 2004 年 4 月 6 日，全國人大常委會對香港基本法附件一第 7 條和附件二第 3 條作出解釋的主要內容是什麼？

香港基本法附件一第 7 條規定："2007 年以後各任行政長官的產生辦法如需修改，須經立法會全體議員三分之二多數通過，行政長官同意，並報全國人民代表大會常務委員會批准。"附件二第 3 條規定："2007 年以後香港特別行政區立法會的產生辦法和法案、議案的表決程序，如需對本附件的規定進行修改，須經立法會全體議員三分之二多數通過，行政長官同意，並報全國人民代表大會常務委員會備案。"

圍繞着這兩個條文，香港社會產生了爭議，包括應當怎樣理解如需修改，修改議案應當由誰提出，向全國人大常委會備案的性質和效力，等等。2004 年 4 月 6 日，全國人大常委會對香港基本法附件一第 7 條和附件二第 3 條作出解釋。其內容主要包括：

一、上述兩個附件中規定的 2007 年以後，含 2007 年。

二、"如需"修改，是指可以進行修改，也可以不進行修改。

三、是否需要進行修改，由行政長官向全國人大常委會提出報告，由全國人大常委會依照香港基本法第 45 條和第 68 條規定，根據香港特別行政區的實際情況和循序漸進的原則確定。兩個附件中規定的須經立法會全體議員三分之二多數通過，行政長官同意，並報全國人大常委會批准或者備案，是指行政長官的產生辦法和立法會的產生辦法及立法會法案、議案的表決程序修改時必經的法律程序。只有經過上述程序，包括最後全國人大常委會依法批准或者備案，該修改方可生效。修改行政長官產生辦法和立法會產生辦法及立法會法案、議案表決程序的法案及其修正案，應由香港特別行政區政府向立法會提出。

四、兩個附件中規定的行政長官的產生辦法、立法會的產生辦法和法案、議案的表決程序如果不作修改，行政長官的產生辦法仍適用附件一關於行政長官產生辦法的規定；立法會的產生辦法和法案、議案的表決程序仍適用附件二關於第三屆立法會產生辦法的規定和附件二關於法案、議案的表決程序的規定。

2021 年 3 月 30 日第十三屆全國人大常委會第二十七次會議通過了新的香港基本法附件一和附件二，並明確指出，"全國人民代表大會常務委員會依法行使本辦法的修改權。全國人民代表大會常務委員會作出修改前，以適當形式聽取香港社會各界意見"，"原附件一及有關修正案不再施行"、"原附件二及有關修正案不再施行"。因而，2004 年 4 月 6 日全國人大常委會對香港基本法附件一第 7 條和附件二第 3 條作出的解釋，已自然失去效力。

188 2005 年 4 月 27 日，全國人大常委會對香港基本法第 53 條第二款作出解釋的內容主要是什麼？

2005 年 3 月，國務院批准當時行政長官董建華在第二任任期內辭職。這就產生一個問題，新任行政長官在前任行政長官沒有完成 5 年任期的情況下，其任期應是原行政長官的剩餘任期還是完整的 5 年。香港基本法對此沒有明確的規定。為了解決這個問題，當時代理行政長官向國務院提出報告，要求國務院向全國人大常委會提出解釋基本法的議案。

2005 年 4 月 27 日，全國人大常委會作出解釋，指在該等情況下，新的行政長官任期應為原行政長官 5 年任期的剩餘任期。全國人大常委會的解釋依據是：

一、香港基本法第 53 條第二款規定："行政長官缺位時，應在 6 個月內依本法第 45 條的規定產生新的行政長官。"其中依基本法第 45 條的規定產生新的行政長官，既包括新的行政長官應依據香港基本法第 45 條規定的產生辦法產生，也包括新的行政長官的任期應依據香港基本法第 45 條規定的產生辦法確定。

二、香港基本法第 45 條第三款規定："行政長官產生的具體辦法由附件一《香港特別行政區行政長官的產生辦法》規定。"附件一第 1 條規定："行政長官由一個具有廣泛代表性的選舉委員會根據本法選出，由中央人民政府任命。"第 2 條規定："選舉委員會每屆任期 5 年。"第 7 條規定："2007 年以後各任行政長官的產生辦法如需修改，須經立法會全體議員三分之二多數通過，行政長官同意，並報全國人民代表大會常務委員會批准。"上述規定表明，2007 年以前，在行政長官由任期 5 年的選舉委員會選出的制度安排下，如出現行政長官未任滿香港基本法第 46 條規定的 5 年任期導致行政長官缺位的情況，新的行政長官的任期應為原行政長官的剩餘任期。

三、2007 年以後，如對上述行政長官產生辦法作出修改，屆時出現行政長官缺位的情況，新的行政長官的任期應根據修改後的行政長官具體產生辦法確定。

189 2011 年 8 月 26 日，全國人大常委會對香港基本法第 13 條第一款和第 19 條作出解釋的內容主要是什麼？

全國人大常委會 2011 年 8 月 26 日釋法源於美國一家基金公司以強制執行兩項針對剛果民主共和國（簡稱剛果〔金〕）的仲裁裁決為由，在香港法院起訴剛果（金）。剛果（金）在上訴庭裁定敗訴後，向終審法院上訴，指香港應跟從中國政府關於國家豁免的政策，給予剛果（金）絕對豁免權，而剛果（金）應該在香港免遭起訴。2011 年 6 月 30 日，香港終審法院就此案的爭議，提請全國人大常委會對香港基本法第 13 條第一款及第 19 條所涉及的問題作出解釋，包括：

（1）中央人民政府是否有權力決定中華人民共和國的國家豁免規則或政策；

（2）如有此權力的話，香港特別行政區（包括香港特區的法院）是否有責任援用或實施中央人民政府根據第 13 條第一款所決定的國家豁免規則或政策，或反之隨意偏離國家豁免規則或政策，並爭取一項不同的規則；

（3）中央人民政府決定國家豁免規則或政策是否屬於香港基本法第 19 條第三款第一句中所說的"國防、外交等國家行為"；以及

（4）香港原有的有關國家豁免的普通法，是否在適用時作出必要的變更、適應、限制或例外，以確保符合中央人民

政府所決定的國家豁免規則或政策。

2011年8月26日，全國人大常委會根據中國憲法第67條第（四）項和香港基本法第158條的規定，就香港終審法院提請解釋的香港基本法第13條第一款和第19條的規定以及相關問題，作出解釋：

一、關於香港終審法院提請解釋的第（1）個問題。依照中國憲法第89條第（九）項的規定，國務院即中央人民政府行使管理國家對外事務的職權，國家豁免規則或政策屬於國家對外事務中的外交事務範疇，中央人民政府有權決定中華人民共和國的國家豁免規則或政策，在中華人民共和國領域內統一實施。基於上述，根據香港基本法第13條第一款關於中央人民政府負責管理與香港特別行政區有關的外交事務的規定，管理與香港特別行政區有關的外交事務屬於中央人民政府的權力，中央人民政府有權決定在香港特別行政區適用的國家豁免規則或政策。

二、關於香港終審法院提請解釋的第（2）個問題。依照香港基本法第13條第一款和本解釋第1條的規定，中央人民政府有權決定在香港特別行政區適用的國家豁免規則或政策；依照香港基本法第19條和本解釋第3條的規定，香港特別行政區法院對中央人民政府決定國家豁免規則或政策的行為無管轄權。因此，香港特別行政區法院在審理案件時遇有外國國家及其財產管轄豁免和執行豁免問題，須適用和實施中央人民政府決定適用於香港特別行政區的國家豁免規則或政策。基於上述，根據香港基本法第13條第一款和第19條的規定，香港特別行政區，包括香港特別行政區法院，有責任適用或實施中央人民政府決定採取的國家豁免規則或政策，不得偏離上述規則或政策，也不得採取與上述規則或政策不同的規則。

三、關於香港終審法院提請解釋的第（3）個問題。國家豁免涉及一國法院對外國國家及其財產是否擁有管轄權，外國國家及其財產在一國法院是否享有豁免，直接關係到該國的對外關係和國際權利與義務。因此，決定國家豁免規則或政策是一種涉及外交的國家行為。基於上述，香港基本法第 19 條第三款規定的"國防、外交等國家行為"包括中央人民政府決定國家豁免規則或政策的行為。

四、關於香港終審法院提請解釋的第（4）個問題。依照香港基本法第 8 條和第 160 條的規定，香港原有法律只有在不抵觸香港基本法的情況下才予以保留。根據全國人大常委會關於根據香港基本法第 160 條處理香港原有法律的《決定》第 4 條的規定，採用為香港特別行政區法律的香港原有法律，自 1997 年 7 月 1 日起，在適用時，應作出必要的變更、適應、限制或例外，以符合中華人民共和國對香港恢復行使主權後香港的地位和基本法的有關規定。香港特別行政區作為中華人民共和國一個享有高度自治權的地方行政區域，直轄於中央人民政府，必須執行中央人民政府決定的國家豁免規則或政策。香港原有法律中有關國家豁免的規則必須符合上述規定才能在 1997 年 7 月 1 日後繼續適用。基於上述，根據香港基本法第 13 條第一款和第 19 條的規定，依照全國人大常委會關於根據香港基本法第 160 條處理香港原有法律的《決定》採用為香港特別行政區法律的香港原有法律中有關國家豁免的規則，從 1997 年 7 月 1 日起，在適用時，須作出必要的變更、適應、限制或例外，以符合中央人民政府決定採取的國家豁免規則或政策。

根據全國人大常委會是次解釋，香港終審法院隨後在 2011 年 9 月 8 日作出終局判決，判決遵循全國人大常委會的解釋，剛果（金）享有絕對外交豁免權，確認中央人民政府奉行的絕對外交豁免政策適用於香港特別行政區。

190 2016 年 11 月 7 日，第十二屆全國人大常委會第二十四次會議對香港基本法第 104 條作出解釋的主要內容是什麼？

香港基本法第 104 條規定，香港特別行政區行政長官、主要官員、行政會議成員、立法會議員、各級法院法官和其他司法人員在就職時必須依法宣誓擁護中華人民共和國香港特別行政區基本法，效忠中華人民共和國香港特別行政區。2016 年 11 月 7 日，全國人大常委會審議了委員長會議提請審議《全國人民代表大會常務委員會關於〈中華人民共和國香港特別行政區基本法〉第 104 條的解釋（草案）》的議案。經徵詢全國人大常委會香港基本法委員會的意見，全國人大常委會決定，根據中國憲法第 67 條第四項和香港基本法第 158 條第一款的規定，對香港基本法第 104 條作出如下解釋：

一、香港基本法第 104 條規定的"擁護中華人民共和國香港特別行政區基本法，效忠中華人民共和國香港特別行政區"，既是該條規定的宣誓必須包含的法定內容，也是參選或者出任該條所列公職的法定要求和條件。

二、香港基本法第 104 條規定相關公職人員"就職時必須依法宣誓"，具有以下含義：

（一）宣誓是該條所列公職人員就職的法定條件和必經程序。未進行合法有效宣誓或者拒絕宣誓，不得就任相應公職，不得行使相應職權和享受相應待遇。

（二）宣誓必須符合法定的形式和內容要求。宣誓人必須真誠、莊重地進行宣誓，必須準確、完整、莊重地宣讀包括"擁護中華人民共和國香港特別行政區基本法，效忠中華人民共和國香港特別行政區"內容的法定誓言。

（三）宣誓人拒絕宣誓，即喪失就任該條所列相應公職的資格。宣誓人故意宣讀與法定誓言不一致的誓言或者以任何不真誠、不莊重的方式宣誓，也屬於拒絕宣誓，所作宣誓無效，宣誓人即喪失就任該條所列相應公職的資格。

（四）宣誓必須在法律規定的監誓人面前進行。監誓人負有確保宣誓合法進行的責任，對符合本解釋和香港特別行政區法律規定的宣誓，應確定為有效宣誓；對不符合本解釋和香港特別行政區法律規定的宣誓，應確定為無效宣誓，並不得重新安排宣誓。

三、香港基本法第104條所規定的宣誓，是該條所列公職人員對中華人民共和國及其香港特別行政區作出的法律承諾，具有法律約束力。宣誓人必須真誠信奉並嚴格遵守法定誓言。宣誓人作虛假宣誓或者在宣誓之後從事違反誓言行為的，依法承擔法律責任。

191 為什麼香港基本法規定其修改權屬於全國人大？香港基本法修改的提案權屬於誰？

中國憲法第 62 條規定，全國人大有權修改憲法，制定和修改刑事、民事、國家機構和其他的基本法律的權力。香港基本法屬於由全國人大制定的基本法律，"誰制定，誰修改"，當然也應由全國人大進行修改。全國人大在將香港基本法的修改議案列入議程前，先由香港特別行政區基本法委員會研究並提出意見。

根據香港基本法第 159 條的規定，只有全國人大常委會、國務院、香港特別行政區享有對基本法的修改提案權。

中國全國人大組織法第 8 條和第 9 條規定，全國人大主席團、全國人大常委會、全國人大各專門委員會、國務院、中央軍事委員會、最高人民法院、最高人民檢察院、一個全國人大代表團或 30 名以上的全國人大代表，可以向全國人大提出屬於全國人大職權範圍內的議案。香港基本法的規定比全國人大組織法的規定更加嚴格。

192 香港特別行政區對基本法的修改提案，應當根據什麼程序提出？

根據香港基本法的規定，香港特別行政區的修改提案，須經香港特別行政區的全國人大代表三分之二多數、香港立法會議員三分之二多數和特區行政長官同意後，交由香港特別行政區出席全國人民代表大會的代表團向全國人大提出。

193 全國人大在修改香港基本法時，在內容上有什麼限制嗎？

香港基本法第 159 條規定："本法的任何修改，均不得同中華人民共和國對香港既定的基本方針政策相抵觸。"那麼，什麼是中華人民共和國對香港的既定方針政策呢？這就是香港基本法序言所寫的："國家對香港的基本方針政策，已由中國政府在中英聯合聲明中予以闡明。"而《中英聯合聲明》第 3 條第（十二）項規定："關於中華人民共和國對香港的上述基本方針政策和本聯合聲明附件一對上述基本方針政策的具體說明，中華人民共和國全國人民代表大會將以中華人民共和國香港特別行政區基本法規定之，並在五十年內不變。"

第九章

基本法的附則

194 什麼是法律本地化和法律適應化？

法律本地化是指將英國制定的 1997 年 7 月 1 日前適用於香港的成文法，由香港立法機關修改使之成為香港本地的法律。因為香港回歸中國後，這些法律就成為外國的法律，就不能在中國的領土上適用，所以這些法律的內容，在 1997 年 7 月 1 日後仍然需要繼續適用於香港，就必須經過法律本地化的程序。

法律適應化就是指香港原有法律中許多"英王"、"國務大臣"、"總督"等名稱和涉及香港與英國關係的法律加以修改，使之適應 1997 年後中國對香港恢復行使主權和香港特別行政區成立的情況和變化。

195 1997 年 2 月 23 日，全國人大常委會審查香港原有法律的決定有哪些基本內容？

1997 年 2 月 23 日，全國人大常委會通過了《關於根據〈中華人民共和國香港特別行政區基本法〉第 160 條處理香港原有法律的決定》，對香港的原有法律進行了全面審查。該決定的內容主要有：

第一、香港原有法律，包括普通法、衡平法、條例、附屬立法和習慣法，除同基本法抵觸者外，採用為香港特別行政區法律。

第二、香港原有法律中下列條例及附屬立法抵觸基本法，不採用為香港特別行政區法律：

（1）《受託人（香港政府證券）條例》（香港法例第 77 章）；

（2）《英國法律應用條例》（香港法例第 88 章）；

（3）《英國以外婚姻條例》（香港法例第 180 章）；

（4）《華人引渡條例》（香港法例第 235 章）；

（5）《香港徽幟（保護）條例》（香港法例第 315 章）；

（6）《國防部大臣（產業承繼）條例》（香港法例第 193 章）；

（7）《皇家香港軍團條例》（香港法例第 199 章）；

（8）《強制服役條例》（香港法例第 246 章）；

（9）《陸軍及皇家空軍法律服務處條例》（香港法例第 286 章）；

（10）《英國國籍（雜項規定）條例》（香港法例第 186 章）；

（11）《1981 年英國國籍法（相應修訂）條例》（香港法例第 373 章）；

（12）《選舉規定條例》（香港法例第 367 章）；

（13）《立法局（選舉規定）條例》（香港法例第 381 章）；

（14）《選區分界及選舉事務委員會條例》（香港法例第 432 章）。

第三、香港原有法律中下列條例及附屬立法的部分條款抵觸基本法，不採用為香港特別行政區法律：

（1）《人民入境條例》（香港法例第 115 章）第 2 條中有關"香港永久性居民"的定義和附表一"香港永久性居民"的規定；

（2）任何為執行在香港適用的英國國籍法所作出的規定；

（3）《市政局條例》（香港法例第 101 章）中有關選舉的規定；

（4）《區域市政局條例》（香港法例第 385 章）中有關選舉的規定；

（5）《區議會條例》（香港法例第 366 章）中有關選舉的規定；

（6）《舞弊及非法行為條例》（香港法例第 288 章）中的附屬立法 A《市政局、區域市政局以及區議會選舉費用令》、附屬立法 C《立法局決議》；

（7）《香港人權法案條例》（香港法例第 383 章）第 2 條第（三）款有關該條例的解釋及應用目的的規定，第 3 條有關 "對先前法例的影響" 和第 4 條有關 "日後的法例的釋義" 的規定；

（8）《個人資料（私隱）條例》（香港法例第 486 章）第 3 條第（二）款有關該條例具有凌駕地位的規定；

（9）1992 年 7 月 17 日以來對《社團條例》（香港法例第 151 章）的重大修改；

（10）1995 年 7 月 27 日以來對《公安條例》（香港法例第 245 章）的重大修改。

第四、採用為香港特別行政區法律的香港原有法律，自 1997 年 7 月 1 日起，在適用時，應作出必要的變更、適應、限制或例外，以符合中華人民共和國對香港恢復行使主權後香港的地位和基本法的有關規定，如《新界土地（豁免）條例》在適用時應符合上述原則。除符合上述原則外，原有的條例或附屬立法中：

（1）規定與香港特別行政區有關的外交事務的法律，如與在香港特別行政區實施的全國性法律不一致，應以全國性法律為準，並符合中央人民政府享有的國際權利和承擔的國際義務。

（2）任何給予英國或英聯邦其他國家或地區特權待遇的

規定,不予保留,但有關香港與英國或英聯邦其他國家或地區之間互惠性規定,不在此限。

（3）有關英國駐香港軍隊的權利、豁免及義務的規定,凡不抵觸基本法和《中華人民共和國香港特別行政區駐軍法》的規定者,予以保留,適用於中華人民共和國中央人民政府派駐香港特別行政區的軍隊。

（4）有關英文的法律效力高於中文的規定,應解釋為中文和英文都是正式語文。

（5）在條款中引用的英國法律的規定,如不損害中華人民共和國的主權和不抵觸基本法的規定,在香港特別行政區對其作出修改前,作為過渡安排,可繼續參照適用。

第五、在符合第 4 條規定的條件下,採用為香港特別行政區法律的香港原有法律,除非文意另有所指,對其中的名稱或詞句的解釋或適用,須遵循以下的替換原則:

（1）任何提及"女王陛下"、"王室"、"英國政府"及"國務大臣"等相類似名稱或詞句的條款,如該條款內容是關於香港土地所有權或涉及基本法所規定的中央管理的事務和中央與香港特別行政區的關係,則該等名稱或詞句應相應地解釋為中央或中國的其他主管機關,其他情況下應解釋為香港特別行政區政府。

（2）任何提及"女王會同樞密院"或"樞密院"的條款,如該條款內容是關於上訴權事項,則該等名稱或詞句應解釋為香港特別行政區終審法院,其他情況下,依第一項規定處理。

（3）任何冠以"皇家"的政府機構或半官方機構的名稱應刪去"皇家"字樣,並解釋為香港特別行政區相應的機構。

（4）任何"本殖民地"的名稱應解釋為香港特別行政區；任何有關香港領域的表述應依照國務院頒布的香港特別行政區行政區域圖作出相應解釋後適用。

（5）任何"最高法院"及"高等法院"等名稱或詞句應相應地解釋為高等法院及高等法院原訟法庭。

（6）任何"總督"、"總督會同行政局"、"布政司"、"律政司"、"首席按察司"、"政務司"、"憲制事務司"、"海關總監"及"按察司"等名稱或詞句應相應地解釋為香港特別行政區行政長官、行政長官會同行政會議、政務司長、律政司長、終審法院首席法官或高等法院首席法官、民政事務局局長、政制事務局局長、海關關長及高等法院法官。

（7）在香港原有法律中文文本中，任何有關立法局、司法機關或行政機關及其人員的名稱或詞句應相應地依照基本法的有關規定進行解釋和適用。

（8）任何提及"中華人民共和國"和"中國"等相類似名稱或詞句的條款，應解釋為包括台灣、香港和澳門在內的中華人民共和國；任何單獨或同時提及大陸、台灣、香港和澳門的名稱或詞句的條款，應相應地將其解釋為中華人民共和國的一個組成部分。

（9）任何提及"外國"等相類似名稱或詞句的條款，應解釋為中華人民共和國以外的任何國家或地區，或者根據該項法律或條款的內容解釋為"香港特別行政區以外的任何地方"；任何提及"外籍人士"等相類似名稱或詞句的條款，應解釋為中華人民共和國公民以外的任何人士。

（10）任何提及"本條例的條文不影響亦不得視為影響女王陛下、其儲君或其繼位人的權利"的規定，應解釋為

"本條例的條文不影響亦不得視為影響中央或香港特別行政區政府根據基本法和其他法律的規定所享有的權利"。

第六、採用為香港特別行政區法律的香港原有法律，如以後發現與基本法相抵觸者，可依照基本法規定的程序修改或停止生效。

責任編輯	許正旺	
書籍設計	吳冠曼　陳朗思	
書籍排版	陳朗思	

書　　名	香港基本法知識問答
編　　著	王鎔禹
出　　版	三聯書店（香港）有限公司
	香港北角英皇道四九九號北角工業大廈二十樓
香港發行	香港聯合書刊物流有限公司
	香港新界荃灣德士古道二二〇－二四八號十六樓
印　　刷	美雅印刷製本有限公司
	香港九龍觀塘榮業街六號四樓 A 室
版　　次	二〇二三年四月香港第一版第一次印刷
規　　格	大三十二開（140 mm × 210 mm）一九二面
國際書號	ISBN 978-962-04-5146-1